Comprendre votre enfant handicapé

Première édition : Rosendale Press Ltd, Londres

Understanding Your Handicaped Child

Traduction française :

22, rue Huyghens, 75014 Paris

www.albin-michel.fr

ISBN : 2-226-12770-4

LES GUIDES DU CENTRE TAVISTOCK

Comprendre votre enfant handicapé

Valerie Sinason

Traduit de l'anglais par
Marie-Sylvie Rivière

Préface de Catherine Mathelin

ALBIN MICHEL

Fondé en 1920, le centre Tavistock de Londres a eu pour but initial de venir en aide aux personnes souffrant des conséquences de la Première Guerre mondiale. Aujourd'hui, dans un contexte qui s'est bien sûr considérablement modifié, il poursuit l'œuvre entreprise. Aux secteurs destinés aux adultes et aux adolescents est venu s'ajouter un vaste service consacré à l'enfance et à la famille. Il propose une assistance professionnelle et une grande expérience des enfants de tout âge aux parents en difficulté face à la tâche ardue que représente l'éducation de leurs enfants. Son principe est d'intervenir précocement sur les problèmes qui se posent immanquablement lorsque les enfants grandissent, considérant que, si on prend ces problèmes à temps, les parents restent les mieux placés pour aider à les résoudre. En participant aux ouvrages de cette collection, l'équipe de professionnels du centre Tavistock est heureuse de pouvoir offrir aux parents des angles de réflexion sur la croissance de l'enfant, en montrant comment il se développe dans des conditions normales et en attirant l'attention sur certains points difficiles.

Préface

La « Tavistock Clinic » de Londres fut créée en 1920. Il s'agissait à l'époque d'un centre de recherches et de soins consacré aux névroses de guerre. Son originalité consistait dans l'intérêt affirmé dès le départ par les fondateurs pour la toute nouvelle science qu'était la psychanalyse. L'orientation théorique était donnée par Sigmund Freud et par ses travaux sur les rescapés de la guerre de 1914-1918.

Rapidement, le centre s'intéressa à toutes les autres formes de traumastismes et plus particulièrement à la question de la maltraitance. L'accent fut mis sur le travail avec les familles et avec les enfants. W. Bion, M. Balint et J. Bowlby rejoignirent le groupe. Le lieu de consultation devint centre de formation pour les psychanalystes et décida de s'ouvrir à un plus large public, aux professionnels de l'enfance et aux parents. Témoigner de ce que les analystes apprenaient des enfants, de leurs joies et de leurs souffrances, devint rapidement une priorité.

Dès lors, la nécessité d'un travail avec les enfants handicapés s'imposa pour l'équipe Tavistock. Quel traumatisme vivaient ces enfants et leurs familles ? Quelles maltraitances leur faisait subir la société ?

Valerie Sinason, l'auteur de cet ouvrage consacré à l'enfant handicapé, est psychanalyste, elle consulte au département Enfant et Famille de la « Tavistock Clinic », où elle s'occupe plus particulièrement de l'atelier du handicap mental. Elle s'adresse ici aux parents. L'auteur sait, pour avoir reçu beaucoup de familles, l'extrême difficulté que représente la naissance d'un enfant gravement atteint dans son corps et/ou dans son esprit.

Si vous avez un enfant handicapé, vous reconnaîtrez tout au long des récits des familles dont elle parle les hésitations, les découragements, les peurs, mais aussi les moments d'espoir, qui sont les vôtres. Vous comprendrez que les questions que vous n'osez pas poser ou les idées que vous n'osez pas émettre sont les mêmes pour tous les parents qui traversent un tel drame. Valerie Sinason est psychanalyste, et elle sait que ce qui va sans dire va toujours mieux en le disant. Alors elle témoigne, et demande à des enfants handicapés et à leurs parents de témoigner.

L'enfant handicapé est sans doute encore plus énigmatique qu'un autre enfant. Comment le comprendre ? Que ressent-il ? Lui qui ne parle pas ou qui ne fait pas signe, comment vit-il son handicap ? S'en rend-il compte ? Que nous demande-t-il quand il se met à crier sans raison ou à se cogner la tête contre les murs ? Et pourtant, cet enfant a besoin comme tous les petits d'hommes qu'on soit à son écoute, qu'on puisse lui répondre, sans le surprotéger ni exiger de lui plus que ce qu'il est capable de faire.

Sa souffrance est d'autant plus terrible que les parents souffrent eux-mêmes de ce qu'ils considèrent comme une profonde injustice. Comment les aider à retrouver leurs repères, leur confiance en eux et en leur enfant ? C'est un éclairage différent que Valerie Sinason nous propose, sans nier le handicap, sans tomber dans la sensiblerie ni le mythe de l'abnégation et du dévouement.

« Dans le monde, 1 % des bébés à naître souffriront d'une infirmité », dit-elle. Il s'agit d'aider les parents à accueillir cet enfant, de leur donner les moyens de mieux connaître son potentiel et de gérer plus facilement ses expériences émotionnelles, tout en restant très attentifs à leurs propres émotions. On peut avoir un quotient intellectuel très difficile à mesurer avec nos tests habituels et une intelligence émotionnelle très élevée. Même avec un handicap dit intellectuel, la capacité à nouer des relations, à comprendre des sentiments, la capacité à aimer et à éprouver des émotions peuvent rester intactes.

Le problème est pour les parents de pouvoir rester suffisamment attentifs à ce que l'enfant ressent. Il ne s'agit pas non plus de penser qu'il ne peut pas vivre de bons moments. Mais, quelquefois, le malheur met en panne le « décodeur » des parents, qui n'arrivent plus à voir en « clair » le message que leur adresse l'enfant. Pour décoder, il faut d'abord que les parents puissent parler et reconnaître leur malheur à eux. C'est à ce prix que la communication sera possible, quelles que soient les difficultés de l'enfant.

Comment communiquer avec un enfant qui ne parle pas ? On comprend bien que les parents devront être encore plus disponibles, encore plus à l'écoute, parler davantage que ceux dont l'enfant n'a pas de difficultés. Françoise Dolto disait aux parents d'un enfant infirme moteur cérébral qu'elle recevait en consultation : « Il est remarquablement intelligent, cet enfant, et il souffre d'avoir du mal à s'exprimer. Il est comme un virtuose à qui on aurait donné un piano cassé, la musique qui sort de l'instrument n'a rien à voir avec lui. Si vous voulez l'aider, oubliez la musique du piano et adressez-vous au pianiste. »

S'adresser à l'enfant au-delà de son handicap, lui parler comme à un sujet vivant et désirant n'est pas toujours facile, surtout lorsque la musique trop forte vous assourdit. C'est cette possibilité d'adresse à l'enfant qu'il est important que les parents puissent retrouver.

Les parents mettent longtemps, vous l'entendrez dans les témoignages, à se remettre du diagnostic donné plus ou moins adroitement au début de la vie par les médecins.

Avant la naissance d'un enfant, on éloigne de façon presque superstitieuse l'idée qu'il pourrait être handicapé. On attend un enfant merveilleux. S. Freud en donne la raison. Il dit les espoirs des parents qui attendent un enfant : « L'enfant aura la vie meilleure que ses parents, il ne sera pas soumis aux nécessités dont on a fait l'expérience qu'elles dominaient la vie. Maladie, mort, renonciations de jouissance, restriction à sa propre volonté ne vaudront pas pour l'enfant, les lois de la nature comme celles de la société s'arrêteront devant lui. Il sera réellement à nouveau le centre et le cœur de la création, "*his majesty the baby*". L'amour des parents, si touchant et au fond si enfantin, n'est rien d'autre que leur narcissisme qui vient de renaître[1]. »

C'est ce narcissisme qui va être mis à rude épreuve lorsque les parents apprendront que leur bébé ne sera jamais comme les autres. Les lois de la nature ne seront pas arrêtées pour lui. Alors une foule de sentiments submerge les parents : la colère face à l'injustice, la culpabilité, (« qu'avons-nous fait pour mériter ça »), la honte, l'effondrement, le dégoût. Avant que le « ça » qui vient de naître ne devienne Marion, Tom ou Léa, avant que l'amour ne s'installe, il faudra quelquefois beaucoup de temps. Quelquefois même le temps ne fera rien à l'affaire, et c'est sans aucun reproche ni aucun jugement de valeur que Valerie Sinason pense alors qu'il est préférable de placer l'enfant. Chaque être humain est différent, chaque histoire particulière, et nous avons non pas à juger mais à encourager ce qui semble être le mieux pour une famille et un enfant. À l'impossible nul n'est en effet tenu, et certains enfants handicapés peuvent s'épanouir davantage dans un environnement où ils n'auront pas le sentiment de détruire psychiquement leur entourage.

Par contre, vous verrez qu'il s'agit d'être prudent si votre projet dès l'annonce du handicap de votre bébé est d'en faire un second. Les analystes d'enfants savent combien il est difficile d'être un enfant de remplacement. Le temps du deuil est indispensable. Lorsqu'un enfant naît sans problème apparent, les parents ont toujours à faire le deuil de l'enfant imaginaire qu'ils pensaient avoir et qui ne correspond pas à celui

1. Sigmund Freud, « Pour introduire le narcissisme », in *La Vie sexuelle*, Paris, PUF, 1999.

de la réalité. On peut comprendre, dans le cas du bébé handicapé, que le temps du deuil soit encore plus long avant qu'il puisse être accepté comme il est. C'est dans un deuxième temps que l'amour s'installera et que la vie reprendra.

Les parents ont alors encore plus de mal à trouver un bon équilibre entre tout excuser et tout punir. C'est-à-dire, comme pour tous les enfants mais de façon plus accentuée, un équilibre entre laxisme et autoritarisme. Deux tendances se retrouvent :

– La surprotection, qu'on peut facilement concevoir lorsqu'un enfant sourd ou aveugle a tout le temps besoin de votre présence. Mais la surprotection, nous le savons bien, empêche toujours de grandir, de s'aventurer, d'explorer, de faire des rencontres. « Ma mère elle exagère, me disait Viviane, 11 ans. Sous prétexte que mon petit frère de 9 ans est trisomique, il a tous les droits à la maison, il casse tout dans ma chambre, il est méchant avec moi, il me tape. Maman dit : "Laisse-le faire, il est handicapé", mais moi je vous dis que ça n'a rien à voir avec son handicap. Il est jaloux de moi, un point c'est tout. » Il est important aussi que les parents soient attentifs aux frères et sœurs pour lesquels l'enfant en difficulté peut être un véritable problème. Pourquoi en effet ne faudrait-il pas gronder un enfant trisomique qui règle ses comptes un peu trop violemment avec sa grande sœur ? Le handicap n'empêche pas d'être jaloux ni d'éprouver des sentiments. Ne pas en parler à l'enfant, ne pas le reconnaître en tant que sujet qui comme tout le monde doit faire avec la vie de famille, n'est-ce pas le considérer encore plus comme un handicapé ? Le surprotéger, n'est-ce pas risquer de l'empêcher aussi de s'humaniser ? L'enfant trop gâté se sentira au-dessus des lois, et donc encore plus différent. L'enfant surprotégé vivra le monde comme trop dangereux pour lui, et son développement s'en trouvera ralenti.

– À l'opposé de la surprotection, l'extrême exigence pose aussi des problèmes. Ces parents-là ne veulent rien savoir du handicap de leur enfant. Ils refusent d'accepter l'infirmité et attendent de lui qu'il fasse comme si de rien n'était. Je me souviens d'Alexandre qui me disait : « J'ai tout cassé dans ma chambre, je n'en peux plus. J'ai de la kiné tous les jours, de l'orthophonie, des opérations sans arrêt, ça fait trop mal, et je ne marche toujours pas. Je ne marcherai jamais, mais mes parents ne veulent pas le savoir. À la maison, je n'ai jamais le droit de me plaindre. » Alexandre était à bout de force, il demandait simplement qu'on admette ses difficultés et qu'on lui donne le droit d'en parler. Il ne se sentait pas reconnu. Sans doute ses parents malheureux avaient-ils trop d'espoirs et trop d'attentes.

Il ne s'agit pas de nier la réalité. Ne savons-nous pas aujourd'hui qu'il existe des opérations esthétiques pour les trisomiques qui gommeraient la différence du visage ? Mais, une fois cette différence-là gommée, qu'en sera-t-il subjectivement de l'autre différence pour l'enfant ? Pour Alexandre, comme pour beaucoup d'autres, ce qui semble important est que ses parents acceptent cette différence et qu'à partir de là ils l'encouragent à faire le maximum d'efforts pour surmonter son handicap aussi bien physiquement que moralement.

« La clé du succès, dit l'auteur, c'est de reconnaître votre enfant comme il est et non comme vous voudriez qu'il soit. » Cette invitation, même si elle est d'une autre ampleur dans le cas d'un enfant handicapé, n'est-elle pas aussi à prendre en compte pour tout enfant ?

Vous rencontrerez tout au long de ce livre des enfants et des familles qui ont à gérer un handicap, et vous verrez comment la communication, la tolérance et l'écoute attentive de l'autre et de soi-même permettent aux être humains de surmonter beaucoup d'obstacles. Là encore, vous ne trouverez pas de recettes. Valerie Sinason sait que chaque être humain est différent et que ce qui est bien pour l'un ne va pas forcément l'être pour l'autre. Elle sait aussi que les liens entre parents et enfants, qu'ils soient handicapés ou non, sont déterminés par des processus conscients auxquels nous avons assez facilement accès, mais aussi par des processus inconscients bien plus mystérieux. Ce sont eux qui nous agissent, quels que soient les conseils qui peuvent être donnés.

Vous serez étonnés tout au long de cet ouvrage de constater que vous êtes exposés aux mêmes difficultés que tous les parents en lisant les autres guides Tavistock qui parlent des enfants et de leurs parents entre 0 et 20 ans. Vous verrez que, entre eux et vous, il n'y a peut-être pas autant de différence que vous le pensiez !

CATHERINE MATHELIN

Note sur la terminologie

Dans tous les pays, les termes utilisés pour décrire les handicaps physiques et mentaux changent fréquemment. Cela n'aide pas les parents, les professionnels et les gens souffrant de divers handicaps à comprendre exactement de quoi on parle.

Le titre de ce livre comporte le terme « handicapé » car c'est le plus communément compris sur le plan international. Mais nous utilisons aussi d'autres termes descriptifs tels que « déficience mentale » (comme alternative à « handicap mental ») et infirmité physique (au lieu de « handicap physique ou moteur »). Des mots comme « léger », « lourd » et « profond » décrivent la gravité du handicap.

Beaucoup de parents, de professionnels et de personnes handicapées savent très précisément le terme qu'ils préfèrent qu'on utilise. Dans un entretien individuel, il serait très facile, par simple courtoisie, de vérifier quel est le terme préféré. Je suis donc désolée si je blesse certains par les termes que j'utilise dans ce livre. Je pense cependant qu'il faut être conscient que la vitesse à laquelle les noms et les mots changent est un problème en soi. Ces changements mettent en évidence la difficulté que nous avons tous à parler de ce sujet.

Introduction

Votre enfant handicapé est d'abord et avant tout *votre* enfant, un enfant qui partage les espoirs, les craintes et les problèmes des autres enfants. Il a sa propre personnalité. De nos jours, dans de nombreux pays, un enfant comme le vôtre a davantage de possibilités qu'autrefois. Il y a une plus grande conscience du potentiel de chaque individu, indépendamment de la gravité de son handicap moteur et/ou mental ou de ses déficiences mentales. Les familles, les écoles, les hôpitaux et les résidences se rendent de plus en plus compte que les enfants ont des besoins affectifs au même titre que des besoins médicaux et éducatifs.

Les enfants et les adultes handicapés vivent aussi plus longtemps qu'avant et, dans certains pays, des programmes d'avant-garde pour l'insertion des personnes handicapées dans la communauté ou la transformation d'hôpitaux en villages offrent des milieux de vie particulièrement enrichissants. Cela est précieux pour les parents d'enfants lourdement handicapés, dont la crainte principale est de savoir qui s'occupera de leur enfant quand ils n'en seront plus capables. Tous les parents se soucient de ce qui arrivera à leur enfant quand ils seront vieux ou après leur mort, mais ces questionnements sont tout autres quand l'enfant a une infirmité grave.

Faire des projets d'avenir donne à toute la famille une plus grande confiance, surtout quand l'un de ses membres a besoin, de manière occasionnelle ou permanente, de l'aide et du soutien des autres pour vivre. Les projets d'avenir sont bien entendu une partie nécessaire et agréable de la relation parents-enfants. Et ces projets ne soulèvent pas que des problèmes pratiques : il faut aussi se préparer « affectivement » à l'avenir. Les espoirs des parents pour leurs enfants en font partie.

« Ma fille aînée est venue au monde facilement et elle a suivi une scolarité sans problème. La plus jeune a une déficience motrice cérébrale et souffre aussi de difficultés mentales depuis la naissance. Nos projets pour notre fille aînée concernaient le choix des écoles primaires et secondaires et même celui de l'université, et elle a maintenant sa licence. Nos projets pour la plus jeune concernaient des séances d'orthophonie et de kinésithérapie, et le moyen de trouver la meilleure école spécialisée pour elle. Nous voulions qu'elles atteignent toutes les deux leur maximum. Jeanne, l'aînée, a eu mention bien en histoire cette année à l'université, et Julie, après des années de timidité due à son trouble de l'élocution, a donné une conférence publique dans son centre de formation. Ces deux événements ont couronné notre année. »

Les espoirs de Pierre et de Louise pour leur fille étaient différents, car Lise était polyhandicapée. Elle ne parlait pas, ne voyait pas et n'entendait pas, et ne pourrait jamais utiliser ses jambes. « Le toucher et l'odorat sont ses seuls sens qui marchent et nous voulions être sûrs de lui offrir le meilleur environnement pour qu'elle puisse les développer. » Grâce à la collecte de fonds qu'ils ont organisée avec les autres parents d'élèves de l'école, Lise profite désormais d'une unité spéciale sur le modèle du « Snoezelen » hollandais qui offre différentes expériences de chaleur, d'odeur et de toucher à l'enfant. « La voir dans le harnais de sécurité qui lui permet d'être dans le Jacuzzi et la regarder plonger ses doigts dans l'eau et sourire nous a donné autant de plaisir que de voir notre fils marquer un but à la finale du tournoi de football de l'école. »

Les parents ont pour leurs enfants des espoirs et des projets qui, dans l'ensemble, sont adaptés à chacun, quelles que soient ses difficultés et ses capacités. Ce livre est là pour vous aider à être encore plus proche des problèmes de votre enfant et à connaître au mieux son potentiel.

Si vous avez un enfant handicapé ou infirme, nous souhaitons, avec ce livre, vous aider à gérer les expériences émotionnelles que tout cela entraîne. Malgré le sentiment que vous pouvez avoir d'être seul face à ce que vous vivez, vous ne l'êtes pas. Parce qu'il n'appartient pas à la moyenne des gens, à la majorité – qu'elle soit raciale, religieuse, sociale, économique ou culturelle –, un handicapé moteur ou mental ressent souvent un fort sentiment d'isolement.

Dans le monde, plus de 1 % des bébés à naître souffriront d'une infirmité. Quand on y ajoute les familles, les amis et les professionnels qui sont en contact avec ces millions d'adultes et d'enfants, on se rend compte que toutes ces personnes forment un groupe puissant, capable de changer les attitudes et de réclamer des moyens.

La plupart des grands organismes de soutien aux handicapés ont été initiés par des parents. Les parents qui se rassemblent afin de faciliter le développement autonome de leurs enfants forment également des groupes de pression. Comme eux, les professionnels et les handicapés se sont réunis pour montrer qu'ils avaient besoin de services adaptés et performants, et ces dernières années ont été les témoins d'un grand progrès dans ce sens. Il y a maintenant un nombre croissant d'organismes gérés par des handicapés. Il existe ainsi des associations comme l'Unapei (Union nationale des associations de parents d'enfants inadaptés, 15, rue Coysevox, 75018 Paris, tél. 01 44 85 50 50) ou l'Apajh (Association pour adultes et jeunes handicapés, 26, rue du Chemin-Vert, 75011 Paris, tél. 01 48 07 25 88).

Il est très important pour les enfants handicapés, et pour leurs parents, de pouvoir s'imaginer en tant qu'adultes, de savoir qu'ils ont un avenir.

Une mère me racontait : « Quand je suis allée avec ma fille voir Margaret Kennedy, qui travaillait dans une association d'aide aux enfants sourds, nous nous sommes rendu compte que Margaret elle-même était sourde et cela nous a vraiment fait un choc. En la voyant passer du langage des signes avec ma fille à la parole avec moi, ma fille a eu le sentiment qu'on pouvait tout à fait être bilingue et avoir une situation professionnelle. C'est certainement ce qui a été le plus important pour nous dans cette visite. »

En Suède, en Allemagne et en Angleterre, il existe des restaurants où les enfants trisomiques, déficients moteurs cérébraux ou déficients mentaux peuvent se rendre avec leurs parents. Là-bas, les cuisiniers, les serveurs et les serveuses sont tous atteints de déficiences mentales. Dans le village et l'hôpital de Neuakerode en Allemagne, qui est dirigé par le Dr Christian Gaedt, le cordonnier est déficient mental de même que les ouvriers d'une entreprise florissante d'élevage d'oiseaux.

En d'autres termes, avec un budget suffisant et beaucoup d'espoir, une collaboration efficace entre les parents, les professionnels et l'enfant réduit l'impact de l'infirmité et augmente au maximum le potentiel individuel de l'enfant.

Dans l'atelier de handicap mental du centre Tavistock, nous distinguons les différents types d'intelligence de chaque individu. Même si quelqu'un a du mal avec certaines tâches scolaires comme la lecture de base, l'écriture, l'arithmétique ou la pensée logique, il peut avoir une grande capacité d'« intelligence émotionnelle ». J'entends par là une capacité à nouer des relations et à comprendre des sentiments.

Quel que soit le handicap dont peut souffrir une personne (qu'il soit dû à une lésion du cerveau, à une anomalie chromosomique, à une maladie ou à un traumatisme lié à l'environnement), sa capacité à aimer, à espérer et à éprouver des sentiments divers reste souvent intacte.

« Je voulais par-dessus tout aimer quelqu'un et me marier. Je voulais me marier, avoir un travail et une maison. Et je les ai eus ! » me dit Marine, 26 ans. Beaucoup de jeunes ont ce genre d'envies et de projets, il n'y a rien d'inhabituel là-dedans. Cependant, Marine souffrait de graves déficiences mentales. Son mari était plus légèrement atteint. Ils s'étaient rencontrés dans un club local et étaient sortis ensemble pendant deux ans avant de se marier. Marine et son mari travaillaient tous les deux dans un supermarché comme magasiniers. Malgré un taux de chômage élevé, ils avaient démontré qu'ils étaient des employés sérieux. La seule concession à leur infirmité était que le travailleur social chargé de suivre Marine les avait aidés à trouver un appartement approprié dans un HLM, et venait régulièrement les voir pour les aider à remplir leurs papiers et à régler leurs factures de gaz ou d'électricité.

L'école pour enfants déficients mentaux lourds que fréquentait Marine ne proposait pas de cours d'éducation sexuelle et n'abordait pas la question de devenir parent ni celle de construire une relation. Cependant, ses parents, en reconnaissant sa valeur personnelle et ses qualités uniques, lui ont permis de devenir une adulte capable d'atteindre ses buts.

Voici les paroles de Jean, 17 ans, déficient moteur cérébral et déficient mental léger. « Je voulais sortir tout seul avec ma chaise roulante, aller dans les magasins et les jardins. Je voulais sortir quand j'en avais envie, sans attendre que quelqu'un soit disponible pour m'emmener. J'avais très peur de ne pas me rappeler où se trouvaient les endroits sûrs où traverser. Je craignais de tomber de ma chaise ou de me faire renverser par une voiture. J'avais peur qu'on ne me voie pas derrière le comptoir d'un magasin parce que j'étais trop bas, ou qu'on ne comprenne pas ce que je disais à cause de mon trouble de l'élocution. Mais je l'ai fait. Je suis sorti vingt minutes. J'ai eu mal aux bras parce que je n'avais pas de fauteuil roulant électrique, mais j'ai pris l'ascenseur, j'ai appuyé sur le bouton, je suis descendu. J'ai traversé la rue et je suis allé au supermarché. »
Le but de Jean était à sa portée. S'il avait habité au dernier étage de son immeuble, il n'aurait pas pu accomplir tous ces courageux efforts pour être autonome. Un architecte qui ne connaissait pas les besoins des handicapés avait placé les boutons de l'ascenseur trop haut pour qu'une personne en fauteuil roulant puisse les atteindre. Un bon médecin de famille et une assistante sociale ont uni leurs forces pour aider la famille à déménager, et les capacités de Jean lui ont permis d'en profiter. Les autorités locales ont alors compris qu'il fallait inclure dans les nouveaux projets architecturaux des éléments pratiques destinés à aider les handicapés.

L'exemple de Marine et de Jean, qui ont réussi à atteindre leurs buts, rappelle aux jeunes parents que le diagnostic d'infirmité ne signifie pas que les possibilités d'avoir une vie remplie sont nulles. Finalement, certains parents se rendent compte que la personnalité de leur enfant handicapé leur apporte parfois plus de joie que celle des autres membres de la famille.

Cependant, pour bien apprécier tout ce qui peut être source d'espoir, la plupart des parents ont besoin de pouvoir exprimer leur tristesse que leur enfant soit né avec une infirmité. Il y a une différence entre un esprit intact et un corps gravement handicapé d'une part, et un handicap mental lourd et un corps sain d'autre part. Quand on souffre d'un double handicap, moteur et mental, comme Lise, il faut s'accrocher à des aspirations et à des buts différents. Nous ne pourrons pas, dans ce livre, isoler chaque sorte de handicap. Tous les handicaps soulèvent pourtant des questions communes. Comment communiquer avec un enfant qui ne peut pas parler ? Comment lui offrir le meilleur environnement ? Comment réfléchir aux changements et au développement quand il n'y a pas d'étapes normales ? Qu'est-ce que ça fait de se sentir différent ?

1
LA GROSSESSE ET LA CRAINTE D'AVOIR UN ENFANT HANDICAPÉ

Le psychanalyste Donald Winnicott a dit une fois qu'on ne pouvait parler d'*un* bébé, mais qu'il fallait toujours considérer une mère *et* un bébé. S'il n'avait pas une personne principale pour s'occuper de lui, un bébé ne survivrait pas. C'est encore plus vrai avec un enfant handicapé. Pour que les parents aient l'espace affectif nécessaire à la compréhension de leur bébé et de son développement, ils doivent d'abord comprendre l'impact de ce handicap sur eux-mêmes. Ils géreront ensuite les hauts et les bas de la vie de famille. Tous les livres de cette collection sont pertinents pour les parents d'enfants handicapés. Ils peuvent les lire conjointement à celui-ci. Mais ce livre est différent par l'éclairage qu'il apporte sur les difficultés particulières qui, du fait du handicap, surgissent sur le plan émotionnel pour l'enfant et pour son entourage.

Dans un cours de préparation à l'accouchement, Anne, une future maman, annonce fièrement que les parents de son mari lui ont acheté un magnifique berceau. Après en avoir décrit la couleur, la forme et les côtés pratiques, elle ajoute à la hâte : « Je ne veux pas qu'on l'apporte déjà à la maison. » « Pourquoi pas ? » demanda un ami. « Juste au cas où », répondit Anne pour clore l'échange.

Ce bref message codé a été clairement compris. Le berceau était destiné à un « vrai » enfant, un enfant vivant. Anne considérait que ce cadeau était prématuré avant la naissance. Quelque part, elle le voyait, de façon tout à fait irrationnelle, comme un cadeau dangereux.

On peut entendre ce genre de conversation dans tous les pays développés. Le processus de la grossesse n'est pas certain. Une fausse couche dans les premiers mois ou un avortement spontané un peu plus tard sont possibles malgré les progrès de la médecine. Il y a une peur magique chez certains couples qui craignent, s'ils montrent trop de hâte que leur enfant arrive, de causer sa mort.

Il est difficile de parler de la possibilité qu'un bébé meure avant la naissance. « Maintenant que j'ai dépassé le troisième mois, je me sens plus tranquille », dit une femme enceinte. On a du mal à parler de ce bébé à venir comme d'une personne à part entière et on le décrit en termes de chronologie, de stade dans la grossesse. Il est rare que ce genre de discussion soit plus ouverte.

Le fait de penser et de parler d'un bébé qui souffrirait d'un handicap ou d'une infirmité est encore plus tabou que de penser et de parler de la mort d'un bébé avant la naissance. Il est difficilement concevable d'imaginer des futurs parents espérant un enfant infirme. Si affectueux, encourageant ou doué que leur enfant devienne et si forts que soient le lien et le plaisir, il faut avouer que peu de parents envisagent avec joie cette éventualité.

Quand un homme et une femme attendent un enfant, ils espèrent que leur bébé sera au moins aussi intelligent et compétent qu'eux. Quels que soient nos efforts, nous ne réussissons jamais complètement à apprécier des « degrés de normalité ». Au début, pour beaucoup de parents, si un bébé naît avec une infirmité – surtout mentale ou multiple – c'est que quelque chose n'a pas « marché ». Je mets l'accent sur « au début » parce que, dans beaucoup de familles, une fois passé le choc initial, l'enfant prend la place qui lui revient.

« Je me sens vraiment embarrassée quand je me souviens des sentiments que j'ai eus à la naissance de Zoé, dit Catherine, dont la fille est trisomique. Maintenant, c'est seulement Zoé. Elle a des bons et des mauvais jours. Elle peut être violente ou affectueuse. Mais, à l'époque, elle était "ça". »

Je parle de ces problèmes douloureux au début de ce livre, parce que, si on ne leur accorde pas leur place, on ne peut aborder aucun des plaisirs quotidiens et des tensions qui sont inhérents au rôle de parent.

« Si tout va bien »

« Si tout va bien, dit Marie, le bébé aura mon bureau comme chambre et puis, quand il aura 2 ans, il ira à la garderie, celle qui est au coin de la rue. »

« Si tout va bien » est souvent la phrase pleine d'espoir qui cache toutes les éventualités d'infirmité et de handicap. Les parents ont besoin d'imaginer et de prévoir l'avenir. Nous nous projetons des années plus tard. Tant que ce que l'on espère et attend ne devient pas un modèle figé, cette projection peut nous aider à tenir notre rôle.

Quand on imagine à quoi notre enfant ressemblera, à quel point il sera intelligent, quelles seront sa scolarité et ses relations, on accomplit notre tâche de parents en prenant plaisir à anticiper ces étapes et donc à nous y préparer. En pensant à tout cela, très peu de parents pourraient se représenter un enfant en fauteuil roulant, un enfant aveugle, un petit déficient mental lourd, un adolescent autiste, un enfant devenu adulte profondément handicapé et qui ne peut pas se nourrir, se laver ou s'habiller tout seul.

« On ne parle pas de ces choses-là »

Jeanne était assez exceptionnelle : « Quand j'étais enceinte, je consultais tous les mois un livre de médecine pour découvrir quelles étaient les complications éventuelles à chaque étape de la grossesse. Je voulais être prête pour l'enfant que j'aurais, quel qu'il soit. Je me retrouvais à observer des enfants handicapés dans les jardins ou dans la rue. » À son cours de préparation à l'accouchement, elle découvrit que d'autres futures mamans se détournaient si elle abordait l'éventualité d'avoir un bébé handicapé. « Une amie m'a dit que ce sujet déprimait tout le monde et pouvait affecter le bébé qu'on portait. »

Nous en revenons au même genre de pensée magique qui faisait qu'Anne ne voulait pas du berceau tant que son bébé n'était pas encore arrivé.

Se préparer à une infirmité

Les femmes se préparent à la naissance de leur bébé et à l'éventualité d'un handicap de façon très différente.

Christine avait 35 ans quand elle a donné naissance à une petite fille trisomique, Linda. « Pendant toute ma grossesse, j'ai évité de penser à l'éventualité d'un handicap. Mon médecin voulait que je fasse un dépistage en raison de mon âge. Mais je n'arrivais pas à me faire à cette idée parce que cela voulait dire qu'il fallait penser plus sérieusement à la possibilité d'un handicap. Personne dans ma famille ni dans le cercle de mes amis n'avait eu un enfant handicapé, je ne pouvais pas et je ne voulais pas l'imaginer. » Après la naissance de Linda, Christine a terriblement souffert les trois premières semaines mais a été stupéfiée par la force de leur lien. « Linda a 19 ans maintenant. Elle sait lire, écrire et faire la cuisine. Elle est fine psychologue et j'ai l'espoir qu'elle finira par se marier. »

Christine pense qu'elle ne s'est pas préparée à avoir un bébé handicapé. Cependant, en refusant le dépistage, peut-être a-t-elle inconsciemment fait le choix de garder son bébé malgré la possibilité d'un handicap.

Certaines femmes savent qu'elles-mêmes ou leur partenaire auront la ressource intérieure nécessaire pour faire face à tous les problèmes qui pourraient se poser avec l'arrivée de leur bébé. D'autres savent également qu'elles n'en seraient pas capables.

Le niveau des prestations et du soutien aux familles qui ont un enfant handicapé varie d'un pays à l'autre.

Agneta, en Suède, n'était pas préparée à avoir un bébé avec une infirmité. Mais elle a bénéficié du soutien d'un psychologue dès le début, d'une aide financière supplémentaire et d'excellents services de soutien : une différence considérable par rapport à d'autres pays développés.

Pauline, dans la région de Londres, n'était pas non plus préparée à avoir un enfant handicapé. Il n'y avait ni psychologue ni aide financière. Il n'y avait pas non plus de garderie spécialisée. Malgré des services efficaces qui répondaient aux besoins de développement physique du bébé, cela n'a pas été suffisant pour combler les autres manques et Pauline a abandonné son enfant pour qu'il soit adopté.

Le « facteur chance »

Marie avait 19 ans et était célibataire quand elle est tombée enceinte à la suite d'une aventure lors d'une soirée « arrosée ». Sarah est née neuf mois plus tard, elle était parfaitement normale. Nora, 26 ans, était mariée et est tombée enceinte à un moment qu'elle et son mari avaient choisi. Son bébé, Stéphane, est né avec une anomalie chromosomique rare. Sandrine, mariée, 40 ans, a essayé pendant plus de vingt ans d'avoir un bébé et n'a jamais réussi.

Quand les jeunes filles rêvent d'avoir un bébé, elles n'envisagent que rarement l'éventualité d'être stériles, enceintes sans l'avoir voulu, ou encore d'avoir un bébé handicapé. L'idée que ce genre de problème soit, dans une certaine mesure, incontrôlable est extrêmement pénible.

Alors qu'il existe quelques règles de base pour que la grossesse se passe le mieux possible, il est très rare que l'on soit certain de son issue. On sait que la malnutrition et la sous-alimentation chez la femme enceinte augmentent les complications pour l'enfant. On sait aussi que les enfants des femmes de moins de 20 ans et de plus de 35 ans sont plus susceptibles d'avoir des difficultés. Le tabac et la drogue, la syphilis, la rubéole, le diabète et les angoisses violentes peuvent aussi avoir un impact. Certaines maladies comme le syndrome de l'X fragile peuvent être transmises génétiquement, tandis que d'autres comme la trisomie 21 sont plus fréquentes chez les bébés dont la mère a plus de 35 ans.

Cependant, de nombreux bébés qui ont (ou auront) des infirmités naissent chaque jour de parents qui sont bien portants, mangent bien et ont l'âge idéal. On estime qu'il naît chaque année dans le monde 1 % d'enfants qui ont une infirmité ou un handicap moteur ou mental.

Créer soi-même le soutien dont on a besoin

Devant la médiocrité du soutien qui leur est apporté et l'insuffisante adaptation des institutions, certaines mères trouvent en elles les ressources pour créer elles-mêmes un nouveau service.

> Nehama Baum, par exemple, travailleuse sociale israélienne, a donné naissance à Muki, déficient moteur cérébral et sourd. Elle a arrêté de travailler pour s'occuper de l'éducation de son fils. « Dès le début, il n'avait pas le contrôle des différentes parties de son corps. Je lui ai appris à utiliser ses mains, à tenir sa tête, à s'asseoir, à se mettre debout et à marcher. J'ai insisté pour qu'il soit intégré à un groupe de petits. » En 1976, la famille a quitté Israël pour le Canada et Nehama a ouvert un institut pour aider les enfants polyhandicapés comme son fils. Maintenant adulte, Muki est capable d'utiliser une base de données, un traitement de texte et un tableur et il possède dans les bureaux de l'institution de sa mère un ordinateur qui porte son nom.

Bon nombre des principales institutions s'occupant des handicapés ont été initiées par des parents.

Naissance prématurée, avortement et infirmité

En janvier 1993, le ministère de la Santé anglais a publié un rapport, *Né trop tôt*, sur ces enfants très prématurés qui sont profondément handicapés à vie. En effet, 20 % des prématurés souffrent d'une lésion neurologique et le rapport met en cause les décisions presque « expérimentales » de médecins qui s'occupent de bébés d'à peine 500 grammes. Alors qu'en 1980, parmi les bébés qui naissaient entre 26 et 27 semaines à l'hôpital Hammersmith de Londres, 25 % survivaient, ils étaient 56 % en 1991[1].

Cela pose des questions éthiques et économiques et, bien sûr, certains se demandent si le fait de tenir compte des facteurs économiques est lui-même moral. Les soins intensifs néonataux pour les bébés pesant moins de 1,5 kilo sont extrêmement coûteux. Alors que les gouvernements doivent gérer des priorités économiques, les parents et les médecins sont confrontés à d'autres dilemmes. Il est plus facile de condamner des interventions médicales onéreuses quand ce n'est pas un membre de votre famille qui en bénéficie. Il est peut-être aussi difficile de reconnaître que beaucoup d'entre nous doivent leur vie et leur santé à une recherche qui, au départ, était condamnée comme irréaliste.

Les M. bénissent l'hôpital qui a aidé leur bébé à survivre. Benoît ne pesait que 750 grammes. « J'étais gros comme un paquet de sucre », me dit-il. Bien qu'il ait passé les cinq premiers mois de sa vie dans un incubateur, ses parents restaient avec lui et l'équipe médicale, qui était particulièrement attentive, s'occupait de lui et avait recouvert son matelas d'une peau d'agneau. Même s'il était clair qu'il avait un lourd handicap mental et moteur, ses parents et l'équipe médicale étaient fiers de son esprit de survie et des efforts communs qu'ils fournissaient pour l'aider à vivre.

1. NdT : Les chiffres français sont à peu près équivalents.

Quand ils ont pu le ramener chez eux, la situation a été très différente pour les M. « À l'hôpital, nous avions l'impression de faire partie d'une famille. Tout le monde partageait la lutte pour la vie de Benoît. Nous étions soutenus 24 heures sur 24. Une fois rentrés à la maison, ça n'a plus du tout été pareil. On m'a dit que c'était très égoïste de ma part de vouloir qu'il vive étant donné la gravité de son handicap, et que je surchargeais l'État en demandant des aides supplémentaires. »

Il arrive qu'on fasse en sorte que les parents se sentent égoïstes parce qu'ils ont voulu que leur bébé survive ou, au contraire, parce qu'ils ne l'ont pas voulu.

David et sa femme n'ont pas eu le choix. Ils n'avaient que 25 ans quand ils ont eu une fille polyhandicapée. Ils avaient l'âge idéal pour avoir un enfant en bonne santé et n'avaient donc pas fait de tests. Lors d'une réunion de parents d'enfants handicapés, David a fait le commentaire suivant : « Pour être honnête, même si j'aime ma fille maintenant, si nous avions su qu'elle était trisomique, ma femme aurait avorté. »

Pour les mères qui ont eu la rubéole pendant leur grossesse et n'ont pas choisi d'avorter, ou qui vivent dans un pays où l'avortement est illégal, ce sujet est extrêmement pénible. Il est également très douloureux pour un enfant ou un adulte handicapés d'entendre des personnes tenir ce genre de propos.

Emma, une jeune femme trisomique, raconte : « Quand j'entends à la télé ou à la radio qu'il y a des tests pour empêcher que des gens comme moi naissent, ça me rend triste. Les gens pensent que je ne comprends pas parce que j'ai un handicap mental. Mais je comprends ! »

Flora, une jeune femme qui a fait des études universitaires alors qu'elle souffre d'un lourd handicap physique, dit : « Ces mots, "dépistage" de "problèmes" chez le fœtus, je ne peux pas les supporter. C'est contre moi et des gens comme moi que l'on pratique des dépistages. »

Le mot « dépistage », quand il est lié à l'avortement, éveille des sentiments violents. L'attitude envers l'avortement change suivant les pays. Depuis 1975, en France, une interruption médicale de grossesse est légalement possible, quel qu'en soit le terme, si deux médecins considèrent que le fait de la poursuivre impliquerait un risque pour la vie de la mère, pour sa santé physique et mentale, pour sa famille, ou s'il y a un risque important que l'enfant soit lourdement handicapé physiquement ou mentalement.

Les différents pays et religions ont des points de vue très affirmés et différents sur l'avortement. Il existe, même à l'intérieur d'un pays, une grande variété d'opinions.

> Le fils de Martine a la mucoviscidose : « Quand j'entends qu'il y a des couples dans lesquels la femme avorte parce qu'ils savent que leur bébé est handicapé, je ne le supporte pas. Je me sens parfois jalouse qu'ils n'aient pas à souffrir comme moi et, d'autres fois, je suis désolée pour eux, parce qu'on paie un prix pour refuser la vie aussi bien que pour faire face à ses dommages. »

La grossesse, la création de la vie tout comme sa fin sont des événements importants et complexes. Dès le début, deux personnes se sont réunies avec espoir et quelque chose d'anormal s'est produit. C'est particulièrement difficile à vivre et à admettre. Cependant, si l'on apprend à reconnaître la souffrance et la détresse que l'on éprouve, on peut ressentir beaucoup de joie et d'amour. Dans les quelques cas où ce n'est pas possible, on peut envisager des solutions alternatives.

2 VOTRE BÉBÉ HANDICAPÉ

Un événement public

Vous voilà avec votre nouveau bébé. Si vous avez de la chance, vous êtes entourés de cartes, de fleurs et de cadeaux. Chez vous, il y a un couffin ou un berceau qui attend son nouvel occupant. Il y a peut-être un enfant plus âgé tourmenté par la jalousie qu'il ressent. Il y a probablement des proches et des amis qui attendent de voir le nouvel arrivé.

Donner naissance à un enfant est un événement public. Même pendant des périodes difficiles, la naissance d'un enfant est quelque chose qui apporte espoir et bonheur. La race humaine disparaîtrait si nous ne considérions pas la naissance comme un des principaux événements de la vie.

Puisqu'il y a une telle joie partagée à la naissance d'un enfant en bonne santé, si l'enfant naît dans la détresse, la souffrance ou avec une infirmité, il n'est pas surprenant que la famille éprouve des sentiments plus difficiles : un mélange de honte, de culpabilité, de peur, de pitié, de colère, de dégoût mais aussi d'amour. Il n'y a pas que la famille qui éprouve ces sentiments. L'équipe médicale peut ajouter à la détresse de la famille quand elle n'a pas été formée et qu'elle ne bénéficie pas du soutien d'un psychologue pour comprendre le choc qu'ils ressentent.

L'annonce du diagnostic

Le récit d'une mère, que je reproduis ici avec sa permission, retrace l'expérience de centaines d'entre elles.

> « L'infirmière m'a dit assez nerveusement que j'avais une fille. Elle n'a pas dit : "Vous avez une jolie petite fille." Elle me l'a tendue rapidement. Le médecin n'avait pas non plus envie de passer du temps avec moi. Quand mon mari et moi avons regardé notre bébé, je suppose que nous l'avons fait plutôt rapidement et brusquement, comme l'infirmière nous avait regardés. Je n'arrive pas à me le pardonner maintenant. C'est une fille si adorable. »

Tant que les études de médecine et les écoles d'infirmières n'intégreront pas un enseignement sur la façon d'annoncer de telles nouvelles aux parents et d'expliquer le diagnostic aussi clairement que possible, il est fort probable que le choc des parents sera amplifié.

> « Je n'oublierai jamais ce que le docteur m'a dit. J'étais à la maternité, dans une chambre à trois, avec mon bébé à côté de moi dans son berceau. Le médecin s'est éclairci la voix nerveusement et il a dit très rapidement que mon bébé avait de lourds handicaps, qu'il ne pourrait jamais être autonome, que je devrais peut-être l'abandonner pour qu'il soit adopté ou le mettre dans une institution aussi vite que possible et commencer une autre grossesse. »

Cette mère n'a jamais oublié la honte publique qu'elle a ressentie à ce moment-là. Son fils a maintenant 23 ans, il vit de façon indépendante dans une résidence.

Alors qu'il est aujourd'hui rare qu'une équipe médicale conseille aux parents d'« oublier » leur enfant à la naissance, c'est une pratique courante dans les pays plus pauvres. Le Dr John Tsiantis, pédopsychiatre pionnier en Grèce, s'est battu pour assurer des allocations convenables aux enfants handicapés et à leurs familles afin qu'une tragédie comme celle de Leros ne se reproduise plus jamais.

> Leros est une île grecque pour handicapés mentaux. C'est le symbole des conséquences du manque de moyens accordés aux enfants handicapés. « Oublier » l'existence des enfants handicapés implique que leur vie dépende de la gentillesse d'équipes qui n'ont pas reçu de formation, qui sont mal payées et sous-équipées en matériel. Chaque pays dans le monde a son Leros.

Attention, je ne parle pas ici des parents qui décident que, dans l'intérêt de leur enfant, il vaut mieux le placer dans une bonne institution. Quand un parent, même s'il est épaulé, n'est pas en mesure d'élever son enfant, le fait de permettre aux autres d'essayer, que ce soit dans une institution, chez une nourrice ou dans une famille d'adoption, peut être l'acte le plus utile qui soit et j'en parlerai plus tard.

Comment les médecins et les infirmières devraient-ils parler aux parents du handicap de leur enfant ?

> Les B. étaient effondrés quand ils se sont aperçus des défauts physiques de leur enfant, aujourd'hui âgé de 5 ans. Cependant, encore sous le choc, ils ont été soulagés d'entendre ce que leur a dit pendant la visite un médecin compréhensif. « Il nous a proposé de venir le voir dans son bureau. Il a vérifié l'heure du repas suivant du bébé pour que ce rendez-vous ne le dérange pas, raconte Jacques B. Il a offert à ma femme la chaise la plus confortable de la pièce car elle portait le bébé dans les bras. Il a dit que nous avions dû être surpris en voyant le bébé pour la première fois. Il nous a expliqué ce qui n'allait pas et ce que cela entraînait. Il a dit qu'il savait que nous avions eu un choc et que tous les parents en avaient un au début, que c'était naturel. Il nous a annoncé que Tom n'aurait jamais une vie normale, mais que personne ne savait ce que seraient ses réelles possibilités parce qu'il venait tout juste de naître et que chacun a quelque chose d'unique en soi. Il nous a demandé si nous voulions qu'il

explique le diagnostic à ma mère, qui était très inquiète, et nous a proposé de revenir lui parler quand le choc serait amorti. »

Jacques B. avait d'abord vu son bébé comme une chose et non comme une personne avec un nom. Cependant, lorsqu'il a raconté l'approche compréhensive du docteur, la « chose » est lentement devenue « Tom ». On peut mesurer combien la réaction du médecin a aidé les parents de Tom à s'habituer à l'idée d'avoir un enfant différent.

Le Pr Sheila Hollins de l'hôpital Saint George de Londres a institué une méthode pour s'assurer que ses étudiants seront des médecins compatissants quand ils s'occuperont de bébés déficients mentaux. « Au cours de leur formation, tous les étudiants en médecine doivent apprendre à travailler avec des handicapés mentaux. Quand ils travaillent avec moi, je m'arrange pour que leur première demi-journée soit un atelier de théâtre. Il est organisé par une troupe dont les membres sont tous des handicapés mentaux. Vivre ce genre d'expérience positive change leur sens des valeurs à propos du handicap. De plus, on demande à chaque étudiant d'observer le mode de vie d'un handicapé chez lui et de lui poser une série de questions sur ce qu'il aime et ce qu'il n'aime pas. Cela permet aux étudiants de s'apercevoir qu'il est possible d'accéder à une certaine qualité de vie, alors qu'avant ils n'appréhendaient le handicap que comme quelque chose qu'il faut dépister et éliminer. »

« Je savais que quelque chose n'allait pas »

Tout comme les parents sont inquiets quand les médecins omettent de leur communiquer – en privé et avec sensibilité – un diagnostic complet et un pronostic, ils peuvent être extrêmement angoissés quand ils ont l'impression que quelque chose ne va pas et que les médecins ne s'en rendent pas compte. On voit parfois immédiatement qu'un bébé a un handicap ou qu'il est malade. Il arrive aussi qu'un parent ait le sentiment que quelque chose ne va pas avant toute preuve médicale.

Valérie est née prématurée de quatre semaines. Les médecins étaient contents de ses progrès, mais sa mère ne l'était pas. « J'ai su qu'il y avait quelque chose qui n'allait pas à l'instant même où je l'ai prise dans mes bras, me dit sa mère. Personne ne m'a écoutée. Les médecins pensaient seulement que j'étais déprimée. L'un deux m'a dit que c'était parce que j'avais des sentiments ambivalents au sujet de ma fille que je pensais que quelque chose n'allait pas. C'est sûr que j'avais des sentiments mitigés : tous les parents en ont, n'est-ce pas ? Mais je savais qu'il y avait autre chose, quelque chose qui n'allait pas, et ils ont mis presque un an à s'en apercevoir ! »

Il est particulièrement difficile pour des parents de se rendre compte qu'on ne peut pas toujours diagnostiquer une maladie à la naissance. Parfois, ce n'est pas par crainte qu'un médecin retient une information pénible, mais parce qu'il n'y a pas de signe clair. Cependant, la manière dont un professionnel parle aux parents dans ces moments de grande vulnérabilité peut développer ou au contraire entraver leur capacité à exercer leur rôle de parents. Un médecin avait trouvé une bonne façon de dire les choses : « Si vous pensez que quelque chose d'important ne va pas, nous le surveillerons régulièrement. Cependant, pour le moment, les tests n'indiquent rien. »

Quand un bébé naît avec une infirmité, la naissance elle-même et l'entrée dans le monde extérieur peuvent être complexes et désagréables. Des interventions médicales importantes sont parfois nécessaires pour assurer la survie du bébé. Il peut avoir à rester en soins intensifs pendant plusieurs semaines. La maladie, la souffrance ou la gêne peuvent troubler l'alimentation et le sommeil. Ces moments qui aident habituellement la mère et l'enfant à se rapprocher deviennent ceux-là mêmes qui sont les plus insupportables.

« Il était minuscule : juste un paquet tout rouge et tout maigrichon, dit Irène. Il n'arrêtait pas de pleurer. Quand j'essayais de le tenir contre ma poitrine pour le réconforter, ce qui avait toujours marché avec les autres enfants, il criait encore plus fort. Rien de ce que je faisais ne semblait efficace, et nous étions tous de plus en plus épuisés. Il n'arrivait ni à dormir ni à manger et il n'était jamais bien parce qu'aucune position ne lui convenait. »

Elle a ensuite raconté avec tristesse que sa famille ne venait plus la voir car ils trouvaient cela déprimant.

La honte

Un sentiment plus courant, bien qu'on en parle moins, est la honte, à la fois personnelle et familiale.

> Anita me dit : « J'avais honte devant ma famille. Ils voulaient que j'aie un joli petit garçon et j'ai fait un garçon, comme ils le voulaient, mais il était déficient moteur cérébral. »
> Elle craignait aussi que l'existence d'un enfant handicapé dans la famille ne gâche le mariage de sa fille qui, elle, était « normale ».

Des peurs et des inquiétudes de ce genre peuvent s'exprimer de façon différente, notamment suivant les cultures et ce qu'on attend de la vie.

Les deux membres du couple doivent souvent faire face à des sentiments de honte assez délicats. Un bébé se fait à deux, et chaque partenaire espère mettre en lui le meilleur de soi-même. Quand le bébé arrive un peu « abîmé », les parents se sentent parfois humiliés au début par l'idée qu'ils ont transmis une malformation ou un danger qui était en eux. Le fait de ne pas partager ensemble ces sentiments et de ne pas y réfléchir à deux peut contribuer à tendre la relation.

Il est très courant dans des discussions familiales normales qu'un parent dise « ta fille est méchante » ou « ton fils ne fait pas ce qu'on lui dit ».

Quand l'atmosphère est tendue, beaucoup de parents essaient provisoirement de désavouer génétiquement la source d'exaspération ! Quand l'enfant a une infirmité permanente incurable, ce désaveu devient plus grave.

Lorsqu'il y a une infirmité manifeste à la naissance, les parents accusent d'abord le choc puis, si tout va bien, s'en remettent doucement. Les bébés sont incroyablement résistants. Le plus dur pour le bébé et les parents, c'est quand le choc ne disparaît pas. Les yeux d'une mère sont le premier miroir d'un enfant. Chaque bébé a besoin que le miroir lui dise qu'il est le plus beau bébé du monde. Quand les parents sont déprimés ou se sentent coupables du handicap, le bébé peut le lire dans leurs yeux et y voir une image dévalorisante de lui-même. Quand les parents mettent longtemps à accepter le diagnostic, le bébé ou le petit enfant met longtemps à imaginer qu'il y a quelque chose de valable en lui.

Il est important cependant de rappeler que les bébés handicapés ne sont pas les seuls à faire face à cette réaction. Les bébés qui naissent dans des familles qui ne sont pas prêtes à les accueillir, chez des parents qui n'en veulent pas vraiment, ou encore ceux qui naissent à un moment où un parent est profondément dépressif à cause d'un événement douloureux (une rupture ou la mort d'un membre de la famille), tous ces enfants peuvent être confrontés à un milieu initial dépressif. Mais l'environnement peut aussi s'améliorer.

Marie n'était pas attendue quand elle est née : elle n'était pas vraiment désirée et arrivait un peu « sur le tard » pour ses parents, Bruno et Sandrine. Avant même sa naissance, Sandrine savait que quelque chose n'allait pas. « J'étais sûre qu'il s'était passé quelque chose à la fin de la grossesse. » Sandrine avait peur de la regarder. « Je pensais que ce n'était pas bien de l'avoir portée à terme sans la désirer. J'avais peur qu'elle n'ait quelque chose de mal à l'intérieur parce que, de toute façon, je n'en voulais pas. Puis, comme l'accouchement ne se passait pas bien, ça a été encore pire. Quand je l'ai regardée, je n'arrivais pas à ressentir de l'amour. C'était comme si finalement... bon, comme elle était là, il fallait bien qu'on se débrouille. » Sandrine n'a pas vraiment réussi à se débrouiller. Elle a fait une dépression postnatale et Bruno a changé de travail pour être plus présent à la maison. « Nous en voulions tous les deux à Marie d'être arrivée alors qu'on ne l'attendait pas et, en plus, d'être bizarre.

Je pense qu'il nous a fallu plusieurs mois pour commencer à vraiment nous soucier d'elle. »

Sandrine est allée voir des amis qui avaient des bébés quand Marie avait 10 semaines. Tous les bébés faisaient des sourires à leurs mères et leurs mères leur retournaient leurs sourires. Sandrine a soudain remarqué – chose dont elle n'avait pas pris conscience auparavant – que Marie n'avait jamais souri et la regardait rarement de façon directe. En voyant le bonheur des autres bébés et le trouble de Marie, elle a compris à quel point elle et Marie étaient déprimées. « À ce moment, j'ai été prise d'un accès d'amour pour Marie. Je l'ai serrée dans mes bras et je lui ai dit que je l'aimais. Elle a détourné la tête, mais, comme je continuais à parler, elle m'a regardée avec une énorme surprise. J'avais l'impression que c'était la première fois que nous nous regardions vraiment. Une semaine plus tard, elle a commencé à sourire. »

Certains bébés, plus lourdement handicapés, mettent encore plus de temps à sourire. Cependant, la plupart des études sur l'âge auquel les bébés handicapés sourient ne tiennent pas compte d'un éventuel climat dépressif dans la famille. C'est quand Sandrine est sortie de sa dépression et s'est soudain sentie attachée à son enfant que Marie a été capable de faire des progrès.

Sandrine et Marie ont pu établir un lien au bout de dix semaines grâce au soutien de Bruno. Mais l'attachement peut prendre plus longtemps et même ne jamais se faire.

Les tensions qui pèsent sur le couple

Comme je l'ai expliqué auparavant, la plupart des parents aimeraient parfois désavouer génétiquement des membres de leur famille. Dans une famille normale, les enfants apportent à leurs parents des joies et des tensions. Cependant, quand s'y ajoutent des difficultés financières et que l'enfant est source de trop d'angoisses ou de difficultés pour les parents, le lien conjugal est ébranlé. Il n'est pas surprenant qu'il y ait plus de risque que les parents se séparent quand il y a un enfant handicapé. C'est souvent l'homme qui part, car il se sent incapable de supporter les signes de ce que sa « puissance » a créé.

En fait, beaucoup de couples restent ensemble, mais souvent le père s'absorbe dans son travail ou ses occupations, laissant à sa femme l'organisation de la vie quotidienne de l'enfant.

« Il a acheté une nouvelle voiture alors que nous avions des difficultés financières. Pendant que je nourrissais le bébé, je le voyais par la fenêtre astiquer la voiture avec amour comme si c'était le bon enfant, le merveilleux tout nouveau bébé. Cela me faisait de la peine pour lui, pour moi et pour notre pauvre petite fille qui devait savoir que nous n'étions pas là pour elle au début, comme il l'aurait fallu », m'a ainsi raconté une jeune mère.

Certains pères sont cependant capables d'être présents, physiquement et affectivement.

Gilles, un père qui travaillait dans un service pour handicapés, m'a fait ces commentaires : « Je ne sais pas pourquoi c'est ainsi, mais le handicap de mon fils ne m'a pas posé de problème majeur. Pendant la grossesse de ma femme, j'ai senti un lien se développer avec mon enfant à naître quoi qu'il puisse se passer de grave. Je n'ai pas pu prendre plus de deux semaines après la naissance mais, pour compenser, j'avais tendance à relayer ma femme en rentrant à la maison. J'ai constaté dans mon travail la façon dont les pères ont tendance à se mettre en retrait et à tout laisser à leur femme. Cela rend le développement de l'enfant plus difficile. Je veux que mon fils soit aussi indépendant que possible et je dois pouvoir lui consacrer beaucoup de temps. »

Les tensions sexuelles

La naissance d'un enfant handicapé met souvent en évidence des problèmes sexuels. Comme c'est en faisant l'amour qu'on a « fabriqué » ce bébé, il peut y avoir une crainte primitive que le fait de faire l'amour ne soit en lui préjudiciable. Participer à un groupe de parents aide souvent à gérer ces sentiments difficiles. Quand une femme est enceinte, elle peut avoir beaucoup de pensées qu'elle ne partage avec personne. Par exemple : « J'aurais préféré tomber enceinte une fois où nous avions vraiment fait l'amour plutôt que cette fois-là. Je n'avais pas vraiment de pensées amoureuses à ce moment-là. Je me demande si le bébé le sait. » Ou encore : « Est-ce que ça a fait mal au bébé que j'ai nettoyé toute la maison ce jour-là ? » « Cette marque noire sur la pomme de terre, est-ce que j'en aurais mangé par erreur ? Est-ce que ça a fait du mal au bébé ? » « Est-ce que ça ennuie le bébé que j'aie fait l'amour hier soir ? », etc. De telles idées sont très vite oubliées quand c'est un enfant normal qui naît. Mais, si l'enfant naît handicapé, elles reviennent de plus belle chez le père et la mère.

Un autre enfant ?

Souvent, les couples qui ont eu un enfant handicapé hésitent à prendre la décision d'avoir d'autres enfants. C'est particulièrement difficile quand l'enfant handicapé est le premier.

> « J'ai toujours voulu avoir deux enfants, dit Marianne, mais, quand mon premier enfant est né avec un handicap, j'ai pensé que je n'aurais pas l'énergie de repasser de nouveau par tout ça. Je sais que c'est rare d'avoir deux enfants handicapés, mais je ne pouvais pas supporter de courir le risque. Même si j'avais eu un deuxième enfant normal, je pense que je n'aurais pas eu assez de temps pour lui. »

D'autres parents trouvent qu'ils se débrouillent mieux en créant une famille « normale » autour de l'enfant handicapé.

> « Nous voulions avoir deux enfants pour commencer mais, après la naissance de Kévin qui est né avec une déficience motrice cérébrale, nous avons décidé d'en avoir encore deux. Nous pensions que, s'il n'y avait qu'un enfant handicapé sur trois, les deux autres se soutiendraient en ayant un frère ou une sœur normal et en partageant l'aide qu'il faut apporter à un handicapé. »

> Le premier bébé de Carine a été une petite fille normale. Le second, un fils très désiré, était atteint d'un spina-bifida. « Nous ne sommes pas sûrs d'en vouloir un autre ou de rester à deux enfants, ce que nous avions toujours prévu. Je me demande si ça ne serait pas mettre Yann en sandwich entre deux enfants normaux. Est-ce un déni du handicap ? »

Certains parents sont soulagés de pouvoir prendre des conseils génétiques dans ces périodes de doute.

Quand on n'arrive jamais à « digérer »

Vous trouverez à la fin de ce livre une liste d'organismes qui offrent de l'aide aux parents et à leurs enfants handicapés, mais, quand des services spécialisés comme ceux-ci ou des médecins compréhensifs font défaut, les parents choisissent parfois d'abandonner leur enfant afin qu'il soit adopté.

> « J'ai essayé. J'ai vraiment essayé », dit Emma. Ma fille était handicapée physique et mentale à la naissance et je savais que je ne pourrais pas m'en sortir. Mon mari m'avait quittée, j'étais dans un état épouvantable et j'avais des difficultés financières. Mais ce n'était pas la raison. Je savais tout simplement que je ne pouvais pas m'occuper d'elle. J'ai appelé les services sociaux, et ils ont été très compréhensifs. Je pensais qu'ils allaient me dire que j'étais une mère cruelle et que je devais me

ressaisir, mais ce n'est pas ce qu'ils ont fait. Ils savaient que je craignais de la frapper si elle continuait à crier. Et ils ont joint une agence spécialisée qui a trouvé un couple merveilleux pour élever ma fille. Ils me permettent de venir la voir bien qu'ils l'aient maintenant adoptée. Je suis vraiment contente d'aller la voir là-bas, car je sais qu'elle mène une vie meilleure que celle que j'aurais pu lui donner. »

3 LES PROBLÈMES QUOTIDIENS

Le risque de surprotection

Quand un petit commence à marcher et qu'il tombe, ses parents sont à la fois inquiets et heureux. Ils s'habituent doucement aux risques liés au développement physique que court un enfant de cet âge. Cependant, quand un enfant naît avec une infirmité physique, ce sentiment de protection dure forcément plus longtemps. Il faut parvenir à protéger l'enfant dans son environnement sans lui refuser le droit de courir les risques normaux de l'exploration. Mais ce n'est pas toujours facile de trouver le bon équilibre. Dans le cas de certaines infirmités, la peur des parents est si grande qu'ils éprouvent peu de plaisir à traverser ces étapes du développement physique de leur enfant.

Le petit David, 4 ans, avait une déficience mentale légère et une déficience motrice cérébrale. Il avait régulièrement des crises d'épilepsie et des « absences » peu importantes. Bien qu'il sache marcher, ses parents l'obligeaient à rester dans sa poussette quand ils faisaient les courses, parce qu'ils avaient peur qu'il ne tombe ou qu'il n'ait une crise d'épilepsie sur une surface dure. Ils avaient soigneusement posé de la moquette partout dans leur maison, et avaient rembourré tous les coins de meuble. Grâce à eux, David ne s'était jamais blessé à la maison.

J'ai vu David dans une institution pour le développement de l'enfant très accueillante. C'était un établissement de plain-pied, pour les enfants d'âge préscolaire. Il y avait des distributeurs de boissons et de friandises pour les parents et un grand terrain de jeu. Une équipe pluridisciplinaire, composée d'un psychiatre, d'un pédiatre, d'un psychothérapeute pour enfants, d'un ergothérapeute, d'un orthophoniste et d'un kinésithérapeute, était à leur entière disposition tandis que parents et enfants bénéficiaient d'un contexte social favorable aux rencontres.

Alors que d'autres enfants plus handicapés que lui s'amusaient avec des jouets de couleur vive ou se déplaçaient dans les différentes aires de jeu, David était assis, immobile sur sa chaise, à côté de sa mère qui lui tenait la main. Un des petits est soudain tombé sur le plancher et s'est mis à pleurer. Sa mère l'a relevé rapidement, l'a réconforté et, quelques minutes plus tard, il était de nouveau en train d'explorer. Cependant David l'observait, pétrifié sur sa chaise. « Ça va, a dit sa mère, le petit garçon va bien maintenant. » David s'accrochait à elle comme pour éloigner le sentiment d'une catastrophe imminente.

En recevant David et sa mère en privé, j'ai remarqué qu'il marchait comme s'il était sur de la glace. Il serrait la main de sa mère et traitait chaque meuble se trouvant sur son chemin comme un ennemi potentiel. Dans la pièce, il s'était blotti contre sa mère jusqu'à ce qu'elle le prenne sur ses genoux. Il n'a montré aucune curiosité envers le lieu, les objets qui s'y trouvaient ou moi.

David avait rejoint la croisade menée par sa famille contre tout danger physique. En agissant ainsi, sans le souhaiter ni l'attendre, ses parents avaient sacrifié sa curiosité d'enfant.

Quand ils se sont sentis plus soutenus et qu'ils ont compris combien cette attitude protectrice ralentissait le développement de David, l'enfant a doucement commencé à explorer son environnement et à y prendre du plaisir.

Ignorer l'infirmité

Tous les samedis matin, la famille J. partait se promener dans un jardin du quartier. C'était un spectacle familier pour les voisins de les voir avec leurs survêtements assortis et l'on admirait leurs capacités sportives. M. J. faisait régulièrement son jogging et appartenait depuis longtemps au club de foot local.

Mme J. était une bonne joueuse de tennis et avait couru le marathon avant la naissance de Martina. Elle avait donné à sa fille le prénom d'une championne de tennis, même si l'infirmité physique de la petite était évidente dès la naissance. Mme J. était déterminée à ne pas être une martyre parce qu'elle avait une enfant handicapée et elle ne voulait pas non plus que Martina soit une martyre à cause de son infirmité.

En suivant des séances régulières de kinésithérapie à la maison et avec l'aide des amis et des voisins, Martina a été capable de marcher et d'être physiquement coordonnée au-delà des espoirs les plus fous de ses médecins.

Un samedi matin, Martina, qui avait alors 7 ans, a soudain eu du mal à suivre ses parents. Elle s'est traînée encore quelques mètres avec une grande détermination, puis a trébuché et s'est effondrée. Elle a fait une grimace et a semblé sur le point de pleurer, mais l'appel de sa mère, « viens, Martina », l'a aidée à reprendre des forces. En passant devant un banc, elle a entendu une femme âgée dire à une autre : « C'est la petite fille handicapée des J. Ils ont fait des merveilles avec elle. Personne ne pensait qu'elle pourrait marcher un jour. »

Je n'ai pas vu Martina ce matin-là. Cependant, bien des années plus tard, Martina, à l'âge de 28 ans, m'en a parlé ainsi : « Je n'oublierai jamais ce moment parce que ça m'a aidée à comprendre mes parents. Ils craignaient, s'ils faisaient des concessions à cause de mes difficultés physiques, de détruire ma capacité à mener une vie normale. Ils espéraient qu'en ne parlant pas de mon infirmité elle disparaîtrait. Cela me laisse des sentiments mitigés. Je sais que si mes parents avaient trop été en contact avec ma souffrance physique – les marches et la kinésithérapie étaient pour moi une torture – je n'aurais jamais été capable de marcher. D'un autre côté, leur tentative d'ignorer mon infirmité me faisait beaucoup de peine. »

Beaucoup d'adultes handicapés parmi les plus capables admettent ce dilemme. Ils savent que certaines de leurs réussites sont dues au refus de leurs parents d'accepter leur infirmité. Ils considèrent pourtant qu'il y a un prix affectif à payer pour leur réussite.

Carlo sait qu'il peut marcher grâce à sa famille et aux amis qui se sont relayés pour manipuler ses membres. Il a subi des opérations destinées à diminuer l'impact de la déficience motrice cérébrale sur ses jambes et suivi des périodes de rééducation intensive. « Une de mes amies n'est jamais sortie de son fauteuil roulant. Elle n'a pas vu ni fait la moitié de ce que j'ai fait. Nous nous sentons tous les deux jaloux l'un de l'autre. Elle aurait aimé que ses parents l'aident à marcher. J'aurais aimé que les miens me laissent me reposer. »

Le propos est ici centré sur l'infirmité, mais il pourrait aussi bien s'appliquer à n'importe quelle famille dans laquelle les parents ont des espoirs élevés. Plus d'un pianiste de concert a admis d'un air désabusé que la pression exercée par ses parents pour qu'il s'entraîne sur son instrument au lieu d'aller jouer était une partie intime de son histoire.

Accuser l'infirmité

À l'autre extrême, voici l'exemple des B. Ils exercent tous deux une profession libérale et ont deux enfants : un garçon de 2 ans, Benjamin, qui est trisomique, et Sandrine, une petite fille de 4 ans. Ils ont quatre chambres dans leur maison, mais ont mis les enfants dans la même chambre « pour aider Benjamin à être aussi normal que possible ». L'activité principale de Benjamin consiste à taper sur les jouets de sa sœur et à l'interrompre dans son activité dès qu'elle ne le fait pas participer.

Ce jour-là, Sandrine a fait une maison en Lego. C'est la structure la plus compliquée qu'elle ait construite et elle en est très fière. Au moment même où elle met la cheminée, Benjamin s'approche et fait tout tomber, cassant certains des murs. Sandrine fond en larmes et court voir sa mère. « Je déteste Benjamin. Il a démoli ma maison. Empêche-le de m'approcher. »

Mme B. réagit avec surprise et montre sa déception. « Pourquoi dis-tu cela, Sandrine ? Tu me surprends. Tu sais bien que ce pauvre Benjamin est trisomique et qu'il ne peut pas faire la même chose que toi alors qu'il en a vraiment envie. Imagine ce que ça lui fait. Tu ne devrais jamais dire que tu le détestes. Il ne peut pas s'empêcher de faire ce qu'il fait. Si tu voulais être une gentille grande sœur, tu ferais quelque chose avec lui. »

Mme B. n'a pas réussi à comprendre que Benjamin était simplement un rival de 2 ans qui voulait détruire ce que sa sœur aînée avait fait. Elle n'a pas non plus envisagé de protéger sa fille de ces attaques. Sandrine devait partager le poids du handicap de Benjamin et s'occuper de lui. Cela ne pouvait répondre ni aux besoins affectifs de Benjamin ni à ceux de sa sœur. Ce n'était pas la trisomie qui faisait que Benjamin démolissait la maison, c'était tout simplement la jalousie et le fait qu'on ne puisse pas évoquer cette jalousie.

La famille de Martina ignorait son infirmité alors que celle de Benjamin mettait trop l'accent dessus. Ces deux familles, par ailleurs affectueuses et méritantes, avaient du mal à trouver le bon équilibre.

« Ce n'est que maintenant que mon père a de l'arthrite qu'il comprend ce qu'est la souffrance physique, dit Martina. Aujourd'hui, alors qu'il a besoin de plus d'attention physique, il est plus proche de moi. »

Maintenant adulte, Sandrine travaille dans un établissement pour adultes gravement handicapés. Il est clair que son expérience passée lui a servi.

« Si quelqu'un est grossier, je le lui dis. Je ne dis pas : "Mon pauvre petit, ça doit être ta déficience motrice cérébrale (ou ton épilepsie ou ta trisomie) qui fait sortir ces horribles mots de ta bouche". »

Les frères et sœurs

Les frères et sœurs d'enfants et d'adultes handicapés ne reçoivent que rarement l'attention et le soutien dont ils ont besoin.

Un homme d'âge mûr m'a raconté : « Je n'ai jamais reçu d'attention pour moi et moi seul. Toute l'attention qu'on me témoignait était liée à Edgar. On me connaît partout comme le frère d'Edgar. Dans mon village, sur mon lieu de travail et dans les réunions familiales ou sociales, mon identité personnelle est gommée. C'est difficile de gérer cela maintenant, même si je suis marié et que j'ai deux enfants. Si je dis ouvertement que c'est un peu bizarre de présenter un adulte comme "le frère de...", cela semble être une manière de me défendre et cela paraît impoli envers mon frère. Cela me blessait beaucoup plus quand j'étais enfant. Je ne voulais pas de cette célébrité douteuse liée au fait d'être apparenté à un déficient mental profond. Si je travaillais mal à l'école, les professeurs me disaient que je devenais comme Edgar. Si j'avais des bonnes notes, on me disait que je compensais les difficultés d'Edgar. Si j'étais en colère contre lui, mes parents disaient que je devrais être désolé pour lui. Et si j'ignorais sa violence envers moi, on me disait que j'étais une mauviette. Je l'ai détesté pendant des années, pas lui en tant que personne mais parce que le fait qu'il soit là a changé ma vie. »

Pour Salomé, 12 ans, l'expérience est très différente. « J'en avais assez d'être enfant unique et j'ai été vraiment contente quand, l'année dernière, maman m'a dit qu'elle était enceinte. Quand Betty est née, elle avait beaucoup de choses qui n'allaient pas et elle était toute petite. Nous pensions tous qu'elle était très courageuse de se débrouiller pour survivre et je l'ai aimée dès que je l'ai vue. C'est ma seule sœur, et ça me met en colère quand mes amies à l'école pensent que je devrais être bouleversée qu'elle ne soit pas normale. »

Nathan, 17 ans, a un point de vue différent sur les choses. « Quand Denis est né avec des handicaps lourds, je me suis vraiment attaché à lui et j'ai aidé papa et maman autant que je pouvais. C'était bien au début. Mais, quand il a commencé à m'empêcher de réviser mes examens, j'ai été très peu soutenu. Denis n'arrêtait pas de crier pour que je m'occupe de lui, et quand je fermais la porte de ma chambre à clé pour pouvoir travailler, maman me disait que ce n'était pas très gentil de ma part. Je souhaite quitter la maison en octobre pour aller à l'université et je sais que papa et maman veulent que j'aille dans l'université la plus proche pour que je puisse les aider. C'est très difficile. J'aime beaucoup Denis et, en fin de compte, je veux travailler dans un service pour handicapés mentaux. J'admire vraiment mes parents pour la façon dont ils se sont battus pour Denis. Mais j'aurais aimé qu'ils me donnent plus d'espace à moi aussi. »

En ce qui concerne Salomé et Nathan, plusieurs années les séparaient de leur frère ou sœur handicapé. La rivalité semble être plus intense quand les frères et sœurs sont plus rapprochés. Au sein d'une famille, tous les enfants veulent être le plus intelligent, le plus fort et le plus séduisant aux yeux de leurs parents. On pourrait supposer, à tort, que les enfants qui ont un frère ou une sœur handicapé se sentent gagnants dès le départ. Mais ils veulent gagner une course équitable. **Avoir un frère ou une sœur handicapé signifie que les idées et les envies de compétition sont difficiles à avouer ouvertement.**

Certains enfants en sont perturbés et cherchent un moyen d'être eux-mêmes autant « dans le besoin » que leur frère ou sœur handicapé. D'autres trouvent que la pression qu'ils subissent pour être « gentils » est trop forte, et il leur est très difficile d'avoir à compenser la déception de leurs parents. Les enfants normaux finissent souvent par exercer des professions médicales ou paramédicales, comme Salomé, ou par devenir des enseignants patients. Quand les parents ont été bien soutenus par les amis, la famille et les professionnels, il est plus facile pour eux de satisfaire les besoins de tous leurs enfants en trouvant le bon équilibre entre eux.

Julie et Ivan Boniface sont les fondateurs d'une organisation britannique, Voice, qui soutient les familles et les adultes déficients mentaux victimes d'abus. Ils l'ont fondée après avoir gagné un procès contre l'homme qui avait abusé de leur fille Nicole. Ils consacraient beaucoup de temps à ces problèmes, mais veillaient aussi à accorder un maximum d'attention à tous leurs enfants. Il est important de pouvoir parler ouvertement en famille des moments difficiles que chacun traverse. Les membres de cette famille nous ont donné la permission de publier ces commentaires. Ils expriment succinctement quelques-uns des problèmes principaux que vivent des milliers de familles.

Gemma (sœur de Nicole), à l'âge de 14 ans : « Si seulement nous pouvions être une famille "normale" (quel que soit le sens de normal) pour pouvoir aller au restaurant ou dans les magasins sans que les gens fassent des remarques grossières sur ma sœur qui est si difficile. Ils ne savent pas qu'elle a un problème parce qu'elle ne porte pas un badge disant "Je suis handicapée. Je suis différente". J'aimerais parfois qu'elle puisse en porter un, parce qu'alors on ne nous dévisagerait plus. »

Marc (frère de Nicole), à 16 ans : « Je ne peux pas facilement inviter des amis à la maison parce qu'ils ne comprennent pas qu'une fille bien développée, qui semble normale, ne montre aucun signe d'embarras en sortant toute nue de la salle de bains. Alors que mes amis la regardent avec étonnement en rigolant, je me sens stupide et honteux pour elle, pour eux et pour moi-même. »

Gemma, quand elle avait 7 ans : « Mes amies disent qu'elle est stupide, se moquent d'elle et la taquinent, mais je leur réponds que ça aurait très bien pu être elles ou leur sœur et qu'elles seraient désolées pour elle. Je leur ai dit que je ne voulais pas qu'elles soient mes amies si elles étaient capables d'être aussi horribles et de blesser ma sœur. »

Alex (frère de Nicole), à 5 ans : « Nicole est spéciale et différente de Marc et Gemma, et je l'aime parce qu'elle est spéciale. »

Nicole elle-même a dit : « Pourquoi mon cerveau n'est pas comme celui de mes frères et de ma sœur ? C'est triste que je sois handicapée, non ? »

Quand les frères, les sœurs et les parents arrivent à parler de ces problèmes, l'enfant handicapé a beaucoup plus de chances de se développer et de s'épanouir.

Stéphanie, 22 ans, est étudiante en médecine et a l'intention de se spécialiser dans les déficiences mentales. « Mon petit frère est trisomique. C'est sûr que ce n'est pas facile tous les jours. Mais des difficultés, il y en a dans toutes les familles, même s'il y en a bien sûr plus dans ce genre de situation. Mes parents l'ont cependant toujours admis et n'ont jamais attendu de nous qu'on le supporte quand il était vraiment difficile. Il est si important dans ma vie que je ne peux pas imaginer ce que je serais sans lui, et je veux aider d'autres familles à ressentir la même chose. »

Les jouets et les cadeaux

Il est souvent difficile, au début, de trouver les jouets qui conviennent aux besoins de votre enfant. Habituellement, les parents se fient aux âges indiqués par les fabricants, mais c'est beaucoup plus compliqué dans le cas d'un enfant handicapé. Leurs besoins sont rarement pris en compte.

« Ma voisine était notre meilleur soutien, dit Susie, 36 ans, dont la fille, Muriel, est polyhandicapée. Mais, à chaque anniversaire, elle était très embarrassée : soit elle tendait gauchement un cadeau, soit elle disait qu'elle avait oublié l'anniversaire de Muriel. Il m'a fallu trois anniversaires de suite pour comprendre ce qui se passait ; j'ai alors pu lui en parler. »

Dans la plupart des magasins, il n'y a pas de jouets spéciaux pour les handicapés. Le fait de mettre en évidence sur l'emballage l'âge « normal » d'utilisation d'un jouet empêche souvent les parents ou les amis d'acheter des jouets qui conviendraient à des enfants handicapés. C'est un problème difficile parce que la mention de l'âge est très pratique pour la majorité des gens. Mais il est bon de se rendre compte que des choses quotidiennes, pratiques pour la plupart des gens, peuvent être vécues douloureusement par les parents d'enfants déficients mentaux.

La voisine de Suzie savait que la petite Muriel, à 9 ans, aimait les briques de construction. Elle avait vu une boîte de briques en plastique et allait les acheter quand elle a aperçu la mention « convient aux enfants de moins de 5 ans ». « Pourquoi les fabricants doivent-ils mettre un âge dessus ? a-t-elle demandé. Ce n'est sûrement nécessaire que quand un jouet est physiquement dangereux, non ? »

Les livres

Une autre mère me disait rencontrer le même problème pour acheter des livres.

Voir un livre d'images aux couleurs vives avec la mention « convient aux enfants de 7 ans » la déprimait parce qu'elle savait que c'était pour des enfants de 7 ans brillants et que son enfant de 12 ans ne serait pas capable de le lire ni de le comprendre. « Vous ne pouvez pas entrer dans un magasin et dire "mon fils a 7 ans et il ressemble à un bébé de 6 mois". »

Ces expériences amplifient encore le sentiment de honte et d'échec. Elles rappellent aux parents la différence entre le développement d'un enfant « normal » et un handicap mental.

À l'âge de 20 ans, Nora est venue me voir avec un livre d'enfant. Elle était très fière d'arriver à le lire. « Je connais les mots, n'est-ce pas ? »a-t-elle dit. J'ai hoché la tête. « Ça dit que c'est pour les enfants de 5 ans, a-t-elle ajouté un peu inquiète. Je n'ai pas 5 ans. J'ai 20 ans. Je ne pouvais pas le lire quand j'avais 5 ans. » J'ai acquiescé et lui ai dit que ce livre était très difficile à lire.

Certains enfants de 5 ans seraient capables de lire ce livre, mais Nora, elle, ne le pouvait pas à cet âge-là. Il était bien qu'elle soit contente d'avoir fait des progrès en lecture, cependant il fallait aussi qu'elle comprenne qu'elle ne savait pas bien lire. J'ai ajouté que c'était une honte qu'il y ait aussi peu de livres pour les adultes comme elle, des livres sur des choses qui ne seraient pas à la portée d'enfants de 5 ans, mais dites avec des mots simples. Nora a été d'accord avec moi.

Avec des enfants aveugles, les parents sont constamment confrontés au sentiment de perte qu'ils éprouvent quand ils voient les jolies couleurs vives des jouets d'enfants et que leur enfant ne les voit pas. De même, quand leur enfant a une infirmité physique grave, certains parents trouvent particulièrement douloureux de circuler dans les rayons de sport.

« C'est devant les chaussures de foot et les raquettes de tennis que je ne supporte pas de passer, dit un père. Le sport, c'était ma vie quand j'étais jeune et ça me fait mal à chaque fois quand je vois tous les équipements sportifs dont mon fils ne pourra jamais se servir. »

Le jeu

« Si, cependant, vous dépassez ce stade et que vous vous réjouissez quand votre enfant emboîte deux briques de Lego, ou si vous riez avec lui en faisant tomber une tour de cubes, vous serez surpris du nombre de petits plaisirs ordinaires que vous pourrez ressentir, dit le Pr Sheila Hollins de l'hôpital Saint George de Londres. La clé du succès est de reconnaître votre enfant tel qu'il est réellement, et non comme vous auriez aimé qu'il soit. »

Tous les enfants ont besoin de jouer. Le jeu est une façon sérieuse d'explorer. Quand un enfant a des déficiences graves, les parents peuvent être déchirés entre le désir d'éduquer et le désir de jouer.

Cathy, une petite fille de 6 ans handicapée mentale profonde, adorait faire de la peinture à doigts. Ses yeux brillaient de plaisir quand elle plongeait les doigts dans les pots de peinture rouge et bleue et les posait lourdement sur la page blanche. Et quand sa mère la reprenait : « Oh Cathy, montre-moi que tu es une grande fille intelligente qui sait dessiner une maison », tout le plaisir de Cathy s'éteignait dans ses yeux. Elle déchirait sa peinture et commençait à pleurer et à se balancer. En quelques minutes, l'instant de jeu était totalement bouleversé.

Attention, je ne dis pas que, à certains moments, il ne faut pas orienter un enfant du jeu vers le travail. Cependant, il arrive très vite que des parents un peu trop consciencieux engagent leur enfant à mieux faire sans lui laisser le temps et la liberté de jouer.

« Les autres enfants jouaient, et moi je faisais de la kinésithérapie. Les autres enfants gribouillaient et mettaient le désordre, et moi on m'apprenait à bien me tenir. Les autres enfants jouaient à s'embrasser dans le placard alors qu'on me prévenait contre les risques de grossesse. Je n'ai jamais joué... » C'est une plainte fréquente de la part des enfants handicapés.

Les problèmes de sommeil

Les enfants handicapés moteurs ou mentaux ont souvent des problèmes de sommeil. Les spasmes musculaires, les contractions, les déformations, la difficulté à bouger sont susceptibles de troubler le sommeil des handicapés physiques.

On estime que plus de la moitié des enfants handicapés mentaux ont de graves problèmes de sommeil, qui font qu'ils réveillent leurs parents au moins deux fois par semaine. Le plus inquiétant est que ces problèmes de sommeil continuent souvent quand l'enfant grandit, alors que les enfants « normaux » dépassent souvent très vite ce stade.

La tension familiale, parfois due au fait même d'avoir un enfant handicapé, crée une atmosphère telle qu'il est difficile de se détendre et donc de dormir. Certains enfants trisomiques, par exemple, peuvent avoir des problèmes respiratoires. Les enfants épileptiques ont du mal à rester tranquilles. Les raisons sont probablement aussi bien émotionnelles que physiologiques.

En tant que parents, vous trouverez peut-être utile d'établir une limite ferme mais douce sur l'heure du coucher[1].

1. Voir l'ouvrage de Marie Thirion et Marie-Josèphe Challamel *Le Sommeil, le rêve et l'enfant*, Albin Michel, 1997.

Un comportement sexuel inconvenant

Beaucoup de parents ou d'éducateurs envoient les enfants handicapés consulter pour comportement sexuel inconvenant. Il peut s'agir de masturbation en public, de déshabillages impromptus, de tenues choquantes (un pull avec rien en bas, par exemple).

Dans pratiquement toutes les cultures, un enfant apprend dès sa petite enfance que chaque partie du corps produit un effet différent sur les gens. Cependant, à l'âge où les jeunes enfants sont capables de suivre l'exemple des adultes et de se préserver un certaine intimité, certains enfants handicapés restent à la traîne. Pourquoi est-ce que cela se passe ainsi ?

> À l'âge de 3 ans, Olivia a arrêté de porter des couches la nuit et est devenue propre de jour comme de nuit. Elle était extrêmement fière d'elle. En passant du pot aux toilettes, elle a soudain pris conscience de son besoin d'intimité et a demandé à fermer la porte. Elle ne voulait plus se déshabiller en public. Son frère aîné Joseph, qui était handicapé physique et mental, avait 5 ans. Il portait encore des couches le jour et la nuit et n'utilisait pas le pot. Tandis qu'Olivia affirmait son besoin d'intimité après avoir découvert qu'elle pouvait être propre, Joseph s'exhibait de plus en plus en public. On voyait parfois Olivia sauter dans tous les sens, faisant ce que sa mère appelait sa « danse des toilettes », quand elle craignait de ne pas arriver aux toilettes à temps. Joseph, lui, descendait souvent son pantalon et urinait en public.

Certains ont dit aux parents d'Olivia et de Joseph qu'il n'était pas vraiment indispensable d'éduquer socialement leur fils en lui apprenant la notion d'intimité. En fait, c'était précisément parce qu'il comprenait ce que signifiait l'intimité qu'il faisait tout pour la détruire. Il dissimulait sa honte de ne pouvoir être propre par son exhibitionnisme « sans honte ».

On pouvait parfois voir Olivia s'appuyer sur le coin d'une table en faisant pression sur son sexe : elle poursuivait d'elle-même l'exploration de ses parties intimes. Joseph, lui, jouait avec son pénis dans sa classe de maternelle ou quand sa sœur invitait des amies à goûter. La famille a alors compris que ce n'était pas par ignorance des tabous et de son intimité que Joseph agissait.

Manuela, 10 ans, a soudain commencé à se masturber régulièrement dans sa classe pour enfants déficients mentaux. Son professeur s'est demandé si elle n'avait pas été victime d'un abus sexuel. En rencontrant sa mère, il a appris que la sœur aînée de Manuela venait d'avoir un enfant. « Manuela s'inquiète de savoir si son corps est normal, comme celui de sa sœur, ou s'il y a quelque chose à l'intérieur qui ferait qu'un bébé sortirait anormal. » En discutant avec Manuela, on a soulagé son angoisse et elle a arrêté de se masturber.

Certains enfants atteints d'une grave déficience mentale peuvent se tourner vers leur corps pour chercher du réconfort s'ils ne reçoivent pas d'autre stimulation. Les enfants ayant subi des sévices sexuels se masturbent parfois en public et expriment ainsi indirectement ce qui leur est arrivé. **Quelle que soit la raison pour laquelle ils ont de tels comportements, il est important de souligner que ce n'est pas le handicap en tant que tel qui amène à une masturbation excessive.**

Les comportements particuliers

Certains déficients mentaux profonds ont parfois des comportements qui embarrassent leur famille quand ils sont dans des lieux publics. Ces comportements peuvent découler d'un problème organique (comme de baver) ou bien être le moyen d'exprimer leur vulnérabilité (par exemple se balancer, mordre, battre des mains ou se taper la tête).

« Je déteste prendre le bus avec Jessica, parce que tout le monde nous regarde. Elle a toujours des gouttes horribles qui sortent de sa bouche. Je lui essuie la bouche mais la goutte suivante va toujours plus vite que moi. Elle se balance, elle gémit et elle fait des sauts brusques qui font sursauter les gens. »

Face à un comportement aussi inhabituel, il n'est pas surprenant que les gens dévisagent les personnes handicapées et leur entourage. Cependant, cette « célébrité négative » est très difficile à supporter. Choisir un lieu de vacances est parfois un casse-tête. « J'aurais aimé qu'il y ait des hôtels pour les gens comme nous au lieu de toujours pique-niquer pour ne pas à être embarrassés dans un restaurant » est une plainte courante.

Bien que les possibilités de vacances soient rares, elles se développent notamment grâce aux associations (voir annexes). Il arrive que les établissements aient des projets de vacances pour les enfants qu'ils accueillent.

4 LES HANDICAPS SPÉCIFIQUES

Nous allons, dans ce chapitre, voir un peu plus en détail certains des principaux handicaps. À certains égards, il peut également intéresser les parents dont les enfants souffrent d'autres infirmités que celles décrites.

Les enfants aveugles

Le bébé aveugle

Les bébés aveugles qui n'ont pas d'autre infirmité se développent de la même façon que les autres bébés.

> « Sonia me souriait, même si elle ne pouvait pas me voir, alors qu'elle ne souriait pas quand c'étaient des amis qui la prenaient dans leurs bras. Son babillage aussi m'était destiné », me dit fièrement la mère de Sonia, Patricia.
> Patricia a aidé Sonia à se développer en l'encourageant à explorer son visage avec ses mains. Quand elle se penchait au-dessus du berceau de Sonia après lui avoir parlé, elle prenait doucement la main de sa fille et la mettait sur son visage. Des jeux de toucher avec les doigts de pieds et de mains l'ont aussi aidée à se reconnaître et à reconnaître sa mère alors que la barbe de son père s'est révélée une fascinante expérience tactile. Jean appelait Sonia par son nom et mettait la main de sa fille sur sa barbe. C'est un des moyens par lesquels il l'a aidée à apprendre à le reconnaître. « Je me suis vite aperçu que si j'appelais Sonia et

que je posais ma barbe sur sa main, je la troublais parce qu'elle entendait que ma voix ne venait pas de ma barbe. Alors, maintenant, je commence toujours par l'appeler et elle localise de mieux en mieux le son ; elle tend alors sa main vers ma barbe. »

Alors que l'enfant voyant commence à attraper des jouets vers 5 mois, car ses yeux se coordonnent à ses mains, le bébé aveugle, lui, doit développer une coordination oreilles-mains. Jean, le papa barbu de Sonia, a intuitivement institué la meilleure technique qui soit. Secouer un biberon ou un hochet devant votre bébé l'encouragera à tendre la main vers le son. Cela prend plus de temps que pour un enfant voyant, mais votre bébé y arrivera. C'est aussi plus long pour un enfant trisomique.

Un peu plus tard, une autre difficulté survient. Les petits, à l'âge où ils commencent à marcher, éprouvent une plus grande détresse que les enfants voyants quand leur mère n'est pas là, car ils ne peuvent pas avoir son image dans la tête pour les aider quand elle est absente. Quand on sait à quel point les voyants aiment avoir des photographies qui les aident à garder le souvenir d'amis absents ou disparus – même s'ils ont pu créer une image interne par le contact visuel –, on peut imaginer le chemin à parcourir vers l'indépendance pour le jeune enfant aveugle.

Tous les petits tombent et trouvent qu'apprendre à marcher est difficile. Mais l'enfant voyant, lui, voit où sont les marches et apprend visuellement à se débrouiller avec les aspirateurs, les chaussures ou les jouets en désordre. L'enfant aveugle va continuer à tomber un peu plus longtemps et doit apprendre où se trouvent les escaliers, les murs et les meubles au prix d'un douloureux processus de tentatives et d'échecs.

Une mère m'a ainsi dit : « Je ne pouvais pas supporter que Stéphane tombe. Même si je savais qu'il y avait une moquette épaisse dans le salon, qu'il apprenait tout juste à marcher, et qu'à cet âge-là tous les enfants tombent, ça me faisait quelque chose chaque fois qu'il tombait.

Je pense que j'ai changé brusquement en passant d'une attitude surprotectrice à un comportement assez cruel. Tout à coup, je me suis dit que cela n'avait pas d'importance. Les choses se sont arrangées quand il a grandi. »

Les parents doivent apprendre à contenir leurs inquiétudes et donner à leur enfant l'impression qu'il est indépendant. Offrir dès le début un espace confortable et sans obstacle à votre bébé vous y aidera. Il pourra ainsi se sentir plus en sécurité dans l'espace avant que vous ne lui appreniez à reconnaître la forme des meubles et autres objets. Le plancher donne un sens très basique du sol. Le fait de se balancer sur le plancher avec son enfant dans les bras l'aide à sentir l'inclinaison du sol et à s'orienter par rapport à l'angle de chute.

La communication avec l'enfant aveugle

Plus les parents parlent à leur bébé, plus le bébé communique. Le petit enfant aveugle, s'il n'est pas désavantagé sur d'autres plans, apprend le langage comme n'importe quel autre enfant. Cependant, certains enfants ne sont capables d'utiliser tous les mots de leur vocabulaire que pour parler d'objets se trouvant à leur portée.

> « À 4 ans, Jeanne pouvait me dire que sa poupée avait de longs cheveux raides avec un ruban en soie, que sa robe était froissée et qu'elle avait besoin d'être repassée. Mais elle ne le faisait que quand elle avait sa poupée sur les genoux. J'ai mis longtemps à me rendre compte que les périodes où elle parlait moins correspondaient aux moments où elle n'était pas à portée immédiate de certains objets qui lui étaient importants. »
> Cependant, quand Jeanne avait 5 ans, elle étonnait son père en lui rappelant des choses qu'il avait oubliées. « Elle se souvenait des moindres détails de nos vacances d'été, même plusieurs mois plus tard. »

Deux choses inquiètent souvent les parents pendant les cinq premières années. Tout d'abord, leur enfant a forcément une série d'expressions limitée puisqu'il ne peut pas voir. Il est donc d'autant plus important de comprendre la communication corporelle du bébé. Ensuite, à certains moments, si on ne s'adresse pas à l'enfant, si on ne s'occupe pas de lui, il peut très rapidement se renfermer sur lui-même.

« À un moment, Jacques souriait et me parlait. Puis, quand je lui ai dit que je devais me concentrer sur la cuisine, il s'est tu. Quand je me suis retournée, il se balançait, assis sur la moquette. Le mignon petit garçon s'était transformé en l'espace de quelques secondes en un enfant gravement handicapé. »

Quand on sait à quel point on est dépendant de la vue dans notre vie quotidienne, on mesure les talents déployés par nos enfants pour trouver d'autres façons de communiquer. Fort heureusement, cela nous aide aussi à leur rendre les choses plus faciles.

Quelle impression cela fait-il d'avoir brusquement une cuillère de nourriture dans la bouche sans en avoir été averti ? Que ressent-on lorsqu'on est sorti d'un berceau ou d'une chaise sans être prévenu, quand on trébuche parce que quelqu'un a laissé un meuble dans une position inhabituelle, quand on ose marcher jusqu'à l'école avec une canne blanche et que l'on trouve une voiture garée sur le trottoir rendant tout à coup le chemin plus périlleux ? Qu'est-ce que cela fait de ne pas voir si quelqu'un est content de vous voir, s'il est indifférent ou en colère ?

Lui parler doucement et le toucher légèrement avant d'entreprendre toute action physique favorisera le développement émotionnel et éducatif de votre enfant.

On a demandé à deux mères, Myriam et Dominique, quelle difficulté majeure elles avaient rencontrée en élevant un enfant aveugle.

Voici la réponse de Myriam : « Cela peut paraître très étrange, mais c'est à cause de mon chat que j'ai eu le plus de problèmes. J'ai toujours aimé les chats, mais le dernier, Blanchot, ne venait jamais sur les genoux pour qu'on le caresse. Il aimait sauter dans la pièce. Cela ne me dérangeait pas si, quand je regardais la télévision, il sautait brusquement sur mon épaule, même si je ne l'avais pas vu ou que je ne m'y attendais pas. Mais ma courageuse petite Sarah, qui avait fait du vélo et toutes sortes de choses héroïques, se décomposait quand Blanchot atterrissait sur elle. Elle ne supportait pas de ne pas voir quand ça allait arriver. J'ai essayé d'enfermer Blanchot dans une autre pièce mais ça n'a jamais marché. Je connais des amis qui ont des enfants aveugles et des animaux, mais chez nous ça n'a jamais marché. »

Sarah a finalement suivi une thérapie pour l'aider à réfléchir à certains aspects de sa cécité. Elle avait choisi un chat en peluche comme jouet préféré pendant sa thérapie et le lançait avec beaucoup de plaisir et d'adresse sur son thérapeute ! Peu après, elle a commencé à avoir moins peur des chats. Faire face à une agression extérieure inattendue est très difficile quand on n'a pas de signaux visuels.

Dominique a soulevé un problème différent : « Le jour, ça allait bien. Mais Samuel était terrifié à l'idée d'aller dormir. Il faisait des colères terribles à l'heure du coucher et il a mis du temps à nous expliquer qu'il avait peur de tous les bruits. »

Dans la journée, les parents, les amis ou les professeurs avertissent l'enfant et expliquent les bruits qu'il entend. Un aspirateur, de l'eau qui bout, le bruit de la friture, un robinet qui goutte, un volet qui bat, le vent qui hurle dans une cheminée : une maison est remplie de bruits qui semblent normaux, mais seulement à ceux qui voient.

La nuit, il n'y a personne pour expliquer à l'enfant le craquement d'une marche, un avion qui passe ou encore le bourdonnement d'un réfrigérateur, tous ces bruits qui sont à peine perceptibles dans la journée quand tout le monde parle. Vous pouvez aider votre enfant à se détendre en lui racontant des histoires et en bavardant tranquillement avec lui à l'heure du coucher. Comme je le disais précédemment dans le passage sur le sommeil, beaucoup d'enfants handicapés – quel que soit leur handicap – ont ce problème. Il est souvent dû à une combinaison de la vulnérabilité de l'enfant et de l'inquiétude des parents.

L'enfant aveugle à l'école

Angela est enseignante dans une classe pour enfants aveugles. Voici les pistes de réflexion qu'elle peut donner aux parents.

« Une des plus grandes difficultés auxquelles je suis confrontée est celle de savoir à quel point il faut protéger ces enfants. Tout va bien quand ils sont assis, chacun à leur bureau, et que les seules choses qui bougent sont sur le bureau. Mais quand ils commencent à être téméraires, à marcher et à courir, je dois lutter contre l'envie de tout le temps les mettre en garde. Ça doit être encore plus difficile pour les parents.
J'aimerais aussi ajouter quelque chose à propos des couleurs. Si un enfant n'a jamais vu une couleur, le concept est pour lui très difficile à comprendre. Certaines couleurs n'ont pas tellement d'importance mais quand, par exemple, nous parlons d'une nuit noire ou que nous allumons la lumière, c'est très complexe pour mes élèves. Un jour, un enfant a demandé si l'on pouvait allumer la lumière alors qu'elle l'était déjà. Je lui ai demandé pourquoi il tenait à allumer la lumière et il m'a expliqué que c'était pour arrêter la pluie. C'était un garçon très intelligent, mais il ne savait pas utiliser ces mots car il n'avait pas d'image visuelle qui leur correspondait. Certains parents se donnent beaucoup de mal pour apprendre à leur enfant à bien nommer les couleurs. Par exemple, il y a deux enfants dans ma classe qui peuvent dire de quelles couleurs sont leurs vêtements, même si l'idée de couleur ne veut rien dire pour eux. Ils sont très fiers de leur savoir, mais la frontière est très mince entre le fait d'encourager un enfant à maîtriser ce que les voyants connaissent et celui de refuser le vrai handicap. »

L'éducation sexuelle

Beaucoup d'enfants et d'adolescents handicapés sont privés d'une éducation sexuelle normale. Certains ont cette idée étrange que, si les enfants handicapés ne peuvent pas voir, entendre, parler ou marcher, ils ne seront pas des êtres sexués.

Pierre, 16 ans, est un jeune garçon très intelligent qui, plus tard, va aller à l'université : « Personne ne m'a dit quoi que ce soit sur mon corps. Je pense qu'ils espéraient que, étant aveugle, je ne verrais pas que j'ai un pénis. Si, un jour, je suis amené à travailler avec des adolescents aveugles, je m'assurerai qu'ils reçoivent un enseignement correct en ce domaine. C'est émotionnellement et socialement très dangereux de ne pas comprendre comment votre corps marche. »

Ce problème est également vrai pour les enfants qui souffrent de déficience mentale.

Les bébés sourds

Comme un bébé aveugle, tant qu'il n'a pas d'autres infirmités et que l'on trouve d'autres moyens pour communiquer avec lui, le bébé sourd a toutes les chances de se développer comme n'importe quel enfant. La tendresse et l'émotion ne sont pas affectées par la surdité et, puisque les enfants sourds ont la chance de voir, ils peuvent sans problème accomplir des gestes physiques. C'est dans le domaine du langage que les efforts doivent se concentrer. Dans certains pays, on a aggravé le handicap de certains enfants sourds en leur interdisant d'utiliser le langage des signes. Exactement comme un enfant aveugle doit développer sa coordination oreilles-mains pour pallier le couple déficient yeux-mains, un enfant sourd a besoin du couple mains-langage pour compenser les difficultés du couple bouche-langage. Le langage des signes est un langage à part entière et, si on l'enseigne dès le début, en même temps que la lecture sur les lèvres, on évite les risques d'un échec éducatif.

Pendant longtemps, faute de professionnels et de parents connaissant le langage des signes, on a pensé, à tort, que les sourds étaient handicapés mentaux. De plus, le fait de leur interdire le langage des signes a amené la majorité des sourds à parler de façon inintelligible.

Il est difficile de croire que, jusqu'à une période relativement récente, dans toute l'Europe de l'Ouest et aux États-Unis, le langage des signes était activement réprimé. Par exemple, sur à peu près 8 millions de malentendants en Grande-Bretagne, seulement 55 000 possèdent le langage des signes britannique. Contrairement à ce qui est préconisé pour beaucoup d'autres infirmités, on recommande souvent des écoles séparées pour que les enfants sourds puissent apprendre leur langage comme première langue.

La trisomie 21

Comme pour les déficients moteurs cérébraux, il existe différents niveaux d'infirmité pour la trisomie 21. Elle peut s'accompagner d'une déficience mentale qui peut être de légère à profonde, ou encore d'une maladie cardiaque congénitale, de problèmes de surdité et d'infections des voies respiratoires. Et, après 40 ans, les risques de développer une maladie d'Alzheimer sont supérieurs à la moyenne. Cependant, il y a encore quelques dizaines d'années, un trisomique pouvait tout juste espérer dépasser la trentaine alors qu'aujourd'hui l'espérance de vie se situe entre 50 et 60 ans.

Les petits enfants trisomiques ont un tonus et un contrôle musculaires faibles et une langue plus large que la normale. Cela entraîne des difficultés d'alimentation et des problèmes d'élocution, même si beaucoup de progrès ont été faits dans le domaine du langage.

Tous les parents aident leur enfant à apprendre le langage en lui parlant et en jouant avec lui. Dans le cas de la trisomie, d'autres jeux aidant l'enfant à contrôler ses muscles faciaux et sa langue sont très utiles. Mais, comme avec tous les enfants handicapés, les parents doivent veiller à ce que le jeu reste un jeu et ne se transforme pas en kinésithérapie !

Il est nécessaire de dissiper un mythe important auprès des parents, des enseignants et des amis de la famille, qui consiste à penser que les enfants trisomiques sont très gentils et liants. En fait, trop souvent, on encourage les enfants trisomiques à sourire et à étreindre les gens[1]. **Si certains individus sont plus chaleureux que d'autres, il n'est pas bon d'encourager un enfant à coller à des stéréotypes.**

Les enfants trisomiques souffrent à l'idée de paraître différents. Nous sous-estimons presque tous l'impact que cela peut avoir sur eux.

Ainsi, une jeune fille m'a dit un jour : « Quand je suis allée à mes cours de vacances, j'ai vu quelqu'un comme moi. » Dans son école intégrée, il y avait quelques enfants handicapés, mais elle était la seule trisomique. Après les vacances, elle a demandé à sa mère d'avoir un miroir dans sa chambre. Elle passait beaucoup de temps à examiner son visage. Elle a fini par oser demander pourquoi elle ressemblait plus à la fille qu'elle avait rencontrée pendant les vacances qu'aux personnes de sa propre famille.

Au centre Tavistock, dans un travail de réflexion en commun, nous avons découvert qu'il est douloureux pour un enfant ou un jeune adulte d'être le seul trisomique dans un groupe. Il faut qu'il y en ait au minimum deux. Quand des parents cherchent à mettre leurs enfants dans une école normale, ils devraient d'abord s'assurer qu'il y ait bien d'autres enfants trisomiques.

L'autisme

L'autisme atteint environ 11 enfants sur 10 000. L'autisme infantile commence avant 30 mois. Ces enfants ont d'importants problèmes de langage et de parole : ils ont souvent une difficulté particulière avec les pronoms. Ils ont du mal, par exemple, à comprendre l'utilisation de « tu », « je » ou « moi ». Il leur manque aussi une réaction normale au regard de l'autre, le contact par le regard. Ils peuvent avoir des expressions du visage et des postures corporelles anormales ; ils ont notamment des mouvements fixes et stéréotypés. Un diagnostic d'autisme infantile

1. Voir mon livre *Mental Handicap and the human condition ; New approaches from the Tavistock*, Free Association Books, Londres, 1992.

n'est habituellement pas posé avant trois ans de développement anormal ; 85 % de ces enfants seront handicapés mentaux.

Quels sont les effets de ce handicap sur les parents ? Voici ce qu'en dit Susan Reid, de l'unité qui s'occupe spécialement de l'autisme au centre Tavistock : « Les parents dont les enfants autistes semblent normaux ne ressentent pas les choses de la même façon que ceux dont les enfants sont manifestement handicapés. Ils sont souvent étiquetés comme de mauvais parents et critiqués car leurs enfants se conduisent bizarrement. Cela complique les choses quand ils veulent sortir en famille. Les parents qui fréquentent l'atelier spécial que nous dirigeons se plaignent du diagnostic parfois rigide qu'on porte sur leur enfant. On leur explique de manière catégorique que l'autisme n'a que des causes physiques, et que cela implique bien souvent qu'il n'y a rien à faire. Ils sont donc soumis aux avis contradictoires des différents professionnels, qui tantôt leur promettent une guérison complète et tantôt ne leur donnent aucune chance de guérison. Nous pensons qu'il y a des causes multiples à cette maladie et nous avons le sentiment que, sans tenir compte des conséquences physiques, la thérapie peut aider les enfants dans leurs émotions. Beaucoup des parents que je rencontre sont inquiets de l'effet que peuvent avoir les circonstances de la vie sur leur enfant et certains trouvent des raisons d'espérer : ils considèrent que, s'il y a une cause psychologique à la maladie de leur enfant, il y a davantage d'espoirs d'amélioration. »

Les handicaps physiques et autres infirmités

Un enfant handicapé physique qui n'a pas d'autre infirmité a toutes les chances, *a priori*, d'avoir un développement émotionnel normal. Cependant, les longs séjours à l'hôpital, les séparations d'avec la famille, la douleur physique... tout cela n'est pas sans effet et met à rude épreuve une base familiale solide qui a du mal à surmonter ces difficultés. À bien des égards, beaucoup de progrès ont été faits pour faciliter la vie des enfants handicapés physiques et pour leur permettre de mener une vie plus normale. Par exemple, de plus en plus d'écoles, de lycées et d'universités possèdent des rampes et des toilettes adaptées. Ainsi, l'éducation en général et l'enseignement supérieur en particulier sont de plus en plus accessibles aux handicapés physiques.

Vous trouverez ci-dessous une liste des différents handicaps existants et quelques brèves remarques sur chacun d'eux. Vous pouvez obtenir plus d'aide et de renseignements sur bon nombre de ces situations auprès des associations spécialisées citées en annexe.

La déficience motrice cérébrale

C'est une lésion du cerveau qui entraîne des difficultés de mouvement. La lésion primitive se trouve dans le cerveau et ne peut donc être soignée, bien que, dans certains cas, la chirurgie puisse améliorer le fonctionnement physique d'un individu. La déficience motrice cérébrale peut entraîner un handicap mental profond, une épilepsie et des défauts de la parole, mais certains enfants ont une intelligence normale. Parmi les causes postnatales de la déficience motrice cérébrale, on peut citer l'hémiplégie infantile aiguë, la méningite et l'encéphalite. Elle est également causée par la prématurité, une anoxie à la naissance, la rubéole ou la toxoplasmose.

L'encéphalite

L'encéphalite est une infection affectant le cerveau. Elle peut être causée par les mêmes virus que ceux qui sont responsables de la méningite virale. Elle peut entraîner hémiplégie, paraplégie, épilepsie, troubles psychiques et handicap mental.

L'épilepsie

Le « grand mal », la forme d'épilepsie la plus courante, se manifeste par des crises accompagnées de soudaines pertes de conscience. La personne en crise risque aussi de se blesser en chutant et d'être prise d'incontinence urinaire et fécale. Chez le nouveau-né, on reconnaît l'attaque plus par le clignement ou la fixité des yeux que par les convulsions qui, dans les premiers jours de la vie, sont habituellement dues au traumatisme de la naissance. Le « petit mal » est le nom donné aux pertes de conscience brèves et fréquentes mais qui ne sont pas associées à des crispations ou à la perte de l'équilibre.

L'épilepsie du lobe temporal s'annonce par un sentiment de peur, la perception d'odeurs désagréables, des douleurs ou des acouphènes (bourdonnements dans l'oreille). On observe parfois une difficulté à parler ou des hallucinations.

Le syndrome de l'X fragile

Environ 1 homme sur 600 est affecté par un retard mental non spécifique, causé par un gène sur le chromosome X. L'X fragile, le plus reconnu d'entre eux, est responsable d'un grand pourcentage de handicaps mentaux. Généralement, ce syndrome est grave et provoque des retards de parole et de langage. Sur le plan physique, il se traduit habituellement par de grandes oreilles et un visage long. Un tiers des mères porteuses de ce gène sont elles-mêmes handicapées mentales. Il existe aussi des porteurs mâles de cette mutation de l'X fragile, qui sont intellectuellement normaux. Leurs filles hériteront de la mutation mais ne seront pas handicapées. Il y a cependant un risque pour leurs petits-fils. Toutes les mères des hommes et des femmes affectés sont porteuses de ce gène. La reconnaissance de ces faits soulève une question d'éthique : doit-on essayer d'identifier chez un garçon un gène qui risquera d'affecter ses petits-fils ?

Ce syndrome entraîne aussi des problèmes spécifiques de langage comme l'écholalie, le bégaiement et des problèmes d'articulation, et ce davantage qu'avec la trisomie. Les personnes atteintes battent des mains, se mordent les mains, ont du mal à établir un contact par le regard et montrent des signes d'hyperactivité. Lors d'une importante conférence aux États-Unis organisée par le Dr Randi Hagerman de l'hôpital pour enfants de Denver, il est clairement apparu que les parents étaient soulagés de savoir que le comportement de leur enfant avait une origine génétique.

L'hydrocéphalie

L'hydrocéphalie est due à un excès de liquide céphalo-rachidien associé à une pression intracrânienne trop élevée et à un handicap mental qui peut être profond.

L'anoxie néonatale

Il s'agit d'une difficulté du nouveau-né à respirer spontanément immédiatement après la délivrance. Bien que l'enfant qui est victime d'une anoxie puisse plus tard montrer des signes de handicap mental, de déficience motrice cérébrale, d'épilepsie ou de troubles du comportement, il est difficile de dire si c'est l'anoxie qui a provoqué ces dommages ou si celle-ci est due à une anomalie sous-jacente du cerveau.

La drépanocytose

C'est une affection héréditaire du sang qui touche majoritairement les gens d'origine africaine ou caribéenne, ainsi que certaines personnes d'Asie ou du Moyen-Orient. Elle peut provoquer des douleurs graves, surtout en cas de déshydratation, à haute altitude, après un exercice prolongé et du stress...

« Je n'aime pas les Blancs, dit Frédéric, un garçon noir de 14 ans, parce que, quand j'étais à l'école et que j'avais mal, mon professeur pensait que c'était du cinéma et ne m'écoutait pas. Ils m'ont aussi envoyé en psychiatrie. Ce n'est que là qu'ils ont trouvé que j'avais la drépanocytose et que je n'avais rien au cerveau. Si les Blancs attrapaient ça, je parie qu'ils écouteraient plus. »

La spasticité

La spasticité est une catégorie de déficience motrice cérébrale. Elle peut entraîner la tétraplégie (tous les membres sont atteints), la paraplégie (ce sont surtout les jambes qui sont atteintes et pas les bras) et la triplégie (un des bras est normal). La double hémiplégie touche uniquement les enfants qui ont une tétraplégie spastique, dans laquelle les bras sont plus sérieusement atteints que les jambes.

Dans certains cas, les bébés ont souffert d'anoxie ou d'un traumatisme à la naissance. D'autres enfants ont été affectés par des maladies ou ont subi des traumatismes crâniens pendant les premières années de leur vie. Enfin, d'autres catégories de la déficience motrice cérébrale comprennent l'athétosis, l'ataxie, les tremblements et l'hypotonie.

Le spina-bifida

C'est un défaut de fermeture de la colonne vertébrale et du tube neural qui renferme la moelle épinière et qui peut entraîner une paralysie.

La toxoplasmose

La toxoplasmose est une infection provoquée par un parasite qui atteint presque tous les animaux. Les femmes qui contractent cette maladie pendant leur grossesse risquent de mettre au monde un bébé contaminé. Cela peut provoquer une hydrocéphalie, des lésions du cerveau, des déficiences mentales profondes, des crises d'épilepsie ou une cécité.

5 L'INTERVENTION MÉDICALE

Les opérations

Quand un bébé naît avec une maladie ou un handicap grave, les parents doivent souvent faire face à une double difficulté. Alors qu'ils s'habituent à leur nouveau bébé et à ses problèmes, on leur demande de donner leur consentement pour pratiquer sur lui certaines opérations.

> Antoine raconte : « Nous venions tout juste de comprendre la gravité du handicap de notre bébé. Je souhaitais qu'il meure. Quand le médecin nous a demandé s'il pouvait opérer, j'ai vraiment eu du mal à prendre une décision. Je pensais que si je disais "non", nous n'aurions plus à gérer ce problème. Mais, finalement, je n'ai pas pu dire non. Jordan a donc été opéré, il a maintenant 8 ans et je suis très reconnaissant au médecin d'avoir tenté cette chirurgie de survie. »

Une opération soulève une foule d'inquiétudes et de sentiments chez les adultes, mais qu'en est-il pour le bébé ? On pense souvent, à tort, qu'une opération effectuée au cours de la petite enfance ne marque pas de la même façon que si elle est faite plus tard, car l'enfant ne s'en souviendra pas. **En fait, même si les bébés n'ont pas une image mentale d'hôpital ou d'opération, les intrusions dans leur corps et dans leur esprit sont « enregistrées ».**

La sensibilité

Pour beaucoup de handicaps, l'intervention médicale est une expérience courante. Les médecins et infirmières ont en général tous reçu une bonne formation. Mais il y a forcément des différences de personnalité considérables : chacun a sa manière (plus ou moins aimable) de s'adresser aux patients, chacun a sa sensibilité personnelle.

Par exemple, une psychiatre australienne, Averil Earnshaw, a observé les relations entre des nouveau-nés et des infirmières dans plusieurs hôpitaux. Elle a remarqué que, lorsqu'on prenait la température des bébés par le rectum, cela les mettait dans une grande détresse alors que si on la prenait sous le bras cela ne les dérangeait pas. Les infirmières n'avaient pas délibérément choisi cette solution désagréable pour le bébé, mais on leur avait appris à s'y prendre ainsi et, d'une certaine façon, cette certitude les protégeait de la détresse du bébé. Ils étaient tout à fait disposés à changer de méthode si on les y aidait[1].

Alors que les bébés communiquent leurs sensations par le langage du corps, les enfants plus âgés peuvent s'exprimer verbalement.

> Noémie 12 ans, est déficiente motrice cérébrale : « On m'a laissée dans une chambre où il faisait froid avec juste une blouse qui ne me couvrait pas complètement : je me sentais humiliée et laide. Quand le docteur est venu, il ne s'est pas présenté. Il m'a juste demandé de faire différentes choses avec mes jambes. Ça m'a fait mal. Ensuite, il a parlé de moi aux étudiants en médecine qui étaient avec lui. »

1. NdT : Aujourd'hui, le thermomètre auriculaire étant répandu, ce problème de prise de température ne se poserait plus. Mais cela indique bien à quel point la qualité de l'attention à porter au bébé est importante.

Joseph, qui a subi de nombreuses interventions chirurgicales, a une meilleure expérience de l'hôpital : « Mon docteur venait toujours me dire bonjour et me demander comment j'allais. Il m'expliquait toujours ce qu'il fallait faire et pourquoi, et il me disait si ça allait faire mal ou pas et comment je me sentirais après. »

Karine, qui avait une déformation de la colonne vertébrale, a subi une opération qui s'est mal déroulée et qui l'a laissée partiellement paralysée. « Pourquoi ils ne pouvaient pas juste me laisser tranquille ? Je savais que je ne pouvais pas marcher correctement. Je l'acceptais. C'étaient tous les autres qui voulaient que j'aie l'air normal. Je n'étais pas normale. Et maintenant, je suis encore moins normale qu'avant. »

La chirurgie esthétique : luxe ou nécessité ?

Le commentaire de Karine soulève un dilemme éthique courant. Jusqu'à quel point une infirmité est-elle acceptée ? De nombreuses opérations comportent un léger risque d'échec. Mais le risque couru par l'enfant si on n'opère pas peut être tel que l'opération elle-même provoque moins d'angoisse. Parfois cependant, l'opération a simplement une visée esthétique.

« J'ai continué à faire ces opérations. Elles font mal, mal, mal », dit Martin, 14 ans, déficient moteur cérébral avec une légère déficience mentale. Mais j'ai l'air mieux maintenant, parce que je n'ai plus cette démarche stupide. »

L'expérience que vivent ces enfants n'a rien à voir avec celle d'adultes en bonne santé physique, qui ont attendu pendant des années des opérations esthétiques pour se débarrasser de taches de naissance et qui se sentent renaître ensuite. Ils y ont habituellement beaucoup réfléchi et la décision qu'ils ont prise est la leur. En revanche, quand un enfant est opéré, son consentement est moins certain. Alors que Martin est content de ne plus « marcher stupidement » après une série d'opérations, Marie ne l'est pas.

> « À cause d'une lésion au cerveau, je ne marche pas bien. Les gens me regardent parce que je ne marche pas bien. Je vais à l'hôpital et ça fait mal. Je n'ai pas pu marcher pendant longtemps. Et je ne peux toujours pas marcher correctement, je suis juste un peu moins handicapée qu'avant. Mais je suis handicapée. Pourquoi mes parents ne pouvaient pas m'aimer comme j'étais ? Pourquoi est-ce qu'ils ont voulu essayer de me changer et de me faire mal ? »

Les parents essaient souvent de changer leur enfant pour le rendre aussi normal que possible parce qu'ils ne supportent pas de voir à quel point il a l'air différent. Cependant, certains parents choisissent d'affronter la colère et la souffrance de leur enfant parce qu'ils sont convaincus qu'à long terme leur décision sera bénéfique pour lui.

> « Mon corps a été torturé par les docteurs et les kinésithérapeutes et aussi par mes parents, qui me faisaient tout le temps faire des exercices physiques. Mais, quand je suis retourné voir le premier chirurgien que j'avais eu, il a été stupéfié. Il n'avait pas imaginé que je serais un jour capable de marcher », raconte Michel, 23 ans.

On pourrait croire que ce problème ne concerne que les familles confrontées à la question de l'infirmité. Cependant, beaucoup de parents établissent des normes pour leurs enfants dans l'espoir d'exploiter la totalité de leur potentiel. Les enfants, les parents et les médecins doivent réfléchir attentivement ensemble à ces problèmes.

En Allemagne, par exemple, une controverse sur une nouvelle opération qui donnerait aux bébés trisomiques un visage normal a fait couler beaucoup d'encre. Nombre de parents sont embarrassés quant à la valeur éthique de cette opération.

« Si mon enfant avait l'air normal, la réaction des étrangers serait totalement différente. Quand ils le voient tel qu'il est actuellement, les gens ont toutes sortes de réactions, les pires comme les meilleures. Il sait à quoi s'attendre et les autres aussi. S'il avait l'air normal, il provoquerait une réaction immédiate plus chaleureuse mais les gens seraient ensuite gênés de voir qu'il n'est pas normal », dit un père.

Un couple dont le bébé a subi l'opération a un point de vue différent : « Nous aimons mieux notre fille maintenant parce que nous pouvons la regarder sans voir en permanence combien elle est handicapée. C'était un obstacle. Nous savons qu'elle est handicapée, mais ça nous aide de ne pas le voir tout le temps. »

6 L'ÉCOLE

De nombreux pays essaient d'offrir des aides éducatives supplémentaires aux enfants souffrant d'une déficience physique ou mentale, ou des deux. En France, en partenariat avec les parents et avec l'avis d'une équipe pluridisciplinaire, on essaie de connaître l'ensemble des besoins de l'enfant si l'école qu'il fréquente ne semble pas offrir les services appropriés.

Intégration ou ségrégation

En France, environ 33 % des enfants handicapés fréquentent des écoles spécialisées, presque 25 % en Grande-Bretagne, seulement 7 % en Italie et 5 % aux États-Unis. Tous les dix ans, l'opinion générale change : les enfants handicapés se développent-ils mieux dans des écoles intégrées ou dans des écoles spécialisées ? La plupart des parents auxquels j'en ai parlé pensent que, en dehors de tout positionnement politique, les enfants réussissent mieux dans les écoles où l'équipe enseignante est motivée, dynamique et entretient de bonnes relations avec les parents Une école déclare parfois intégrer l'enfant handicapé, mais, dans les faits, celui-ci est mis dans un coin avec simplement le soutien occasionnel d'un professeur. Il ne reçoit donc que peu d'attention, alors qu'une école spécialisée lui aurait sans doute beaucoup plus apporté. Parfois aussi, l'école spécialisée n'offre pas une bonne ambiance alors que l'école ordinaire a, elle, un bon professeur principal qui s'engage à intégrer l'enfant handicapé au groupe. Les parents savent en général très bien si leur enfant est adapté ou non à l'environnement scolaire. En cas de doute, il faut rencontrer le professeur de votre enfant dès la rentrée, puis s'adresser au directeur ou au CAMSP.

Un bilan effectué avec un psychologue peut permettre d'évaluer les enfants en utilisant les tests cognitifs. Cette évaluation consiste à estimer la capacité des enfants à apprendre différentes choses selon diverses méthodes. On évalue leur capacité verbale, leur façon de s'exprimer, leur capacité à donner un sens au monde qui les entoure, à se souvenir des faits, à intégrer ce qu'on leur enseigne à l'école. Cela concerne non seulement la parole mais aussi leur capacité à résoudre des problèmes sans utiliser les mots (puzzles, jeux...), à observer des détails autour d'eux. On recherche aussi à savoir si l'enfant fait preuve d'une certaine adresse (une bonne coordination œil-main, par exemple, est importante pour lire et écrire).

En même temps, le psychologue essaie de déterminer si l'enfant connaît des angoisses ou vit des conflits qui l'empêchent d'apprendre correctement. On détermine souvent ce genre de choses en utilisant des tests projectifs – tel que le dessin – ou en leur demandant de raconter des histoires. À travers ces histoires, les enfants peuvent exprimer leurs peurs et leurs problèmes émotionnels en utilisant d'autres personnages pour parler à leur place de ce qu'ils ressentent.

Il est également utile de juger si la classe et l'école conviennent à l'enfant. Le psychologue voit si ces lieux répondent aux besoins particuliers de l'enfant, s'ils disposent de matériel et d'espaces adéquats, s'ils sont accessibles (c'est particulièrement important pour les enfants handicapés physiques, aveugles ou malvoyants), si l'équipe et les autres enfants sont assez souples.

Parfois, un enfant doit affronter les premières années à l'école traditionnelle en n'étant aidé que par l'équipe de l'école. En général, il commence à montrer des signes de détresse et d'échec plus tard. Cela se produit souvent à des périodes de transition, entre la maternelle et le primaire par exemple, ou entre le primaire et le collège. Dans ces moments-là, il devient impossible d'affronter les tensions provoquées par un programme plus exigeant ou par la peur d'un nouveau milieu où il faudra retenir plus de choses.

Dans certains cas, l'enfant reste dans l'école traditionnelle en bénéficiant d'une aide spécifique pendant les cours ou dans l'école en dehors des cours. Dans d'autres cas, l'enfant a besoin d'un environnement d'apprentissage spécifique, comme une école pour les sourds, les aveugles, les enfants qui ont des troubles du comportement, les handicapés physiques, les enfants fragiles ou déficients mentaux.

Connaître ses droits

Depuis une trentaine d'années, et notamment depuis la promulgation de la loi d'orientation de 1975, les enfants et adultes handicapés ont obtenu des droits en matière de prestations, allocations, aides techniques, aides à la scolarité et à l'insertion professionnelle. Ces mesures sont régies par des textes législatifs et réglementaires multiples et mettent en jeu de nombreux interlocuteurs, si bien qu'il est très difficile de se retrouver dans ce dédale. Pourtant, seule l'information la plus complète permettra aux parents d'avoir recours à toutes les ressources prévues par la société pour les aider à assumer les charges matérielles et financières liées au handicap de leur enfant.

À cet égard, les associations spécialisées (voir adresses en annexe) sont un excellent relais pour la diffusion de ces informations. La plupart mettent à la disposition des parents leur service de documentation et de conseil juridique, des annuaires, des listes d'établissements, des propositions de vacances adaptées, etc. On ne saurait trop recommander d'y adhérer afin de pouvoir bénéficier de leur soutien et de leur savoir-faire.

Pour l'ensemble des démarches administratives, les assistantes sociales des établissements de soins ou d'éducation apportent une aide précieuse pour savoir à quelle porte frapper et comment constituer les dossiers de demande de prestations, d'allocations, d'inscription en établissement. Les principales instances officielles concernées (caisse d'allocations familiales, CDES, Cotorep) sont présentées en annexe.

7
L'ENFANT ADULTE

L'indépendance

« C'est ridicule, proteste Sophie, une jeune femme séduisante d'une trentaine d'années. Je dirige toute seule ma propre affaire, j'ai un appartement, une maison de campagne et ma mère m'appelle encore pour me dire de m'habiller chaudement. »

Quoi que nos parents fassent, nous restons toujours les enfants de nos parents. Bien souvent, les parents d'adulte handicapé ont un comportement surprotecteur envers leur enfant. Mais on néglige parfois le fait que ce comportement n'est pas toujours dû à l'infirmité.

« Ma mère appelle pour être sûre que je suis bien rentrée à la maison, dit Marine, qui est en fauteuil roulant. Ça me met hors de moi, mais je sais qu'elle fait pareil avec ma sœur qui est valide et plus âgée que moi. »

Cependant, il faut reconnaître que, si tous les enfants apportent à la fois inquiétudes et joies, les parents d'un enfant handicapé restent souvent « en service » plus longtemps que les autres.

« Valérie est intelligente et sérieuse, dit sa mère. Mais quand elle sort toute seule, elle est plus vulnérable. Les gens remarquent qu'elle est différente et le disent haut et fort. »

Plus le handicap est profond, plus il est difficile pour des parents de laisser de l'indépendance à leur enfant devenu adulte. Parfois, c'est une chance que certains parents réagissent ainsi.

Johanna, 35 ans, qui ne parle pas, est handicapée physique et mentale profonde. Elle ne peut pas se nourrir, aller aux toilettes, se laver ni s'habiller toute seule. Elle communique par le corps : par exemple, elle montre clairement quand elle apprécie le goût d'un aliment alors qu'elle reste totalement immobile si ce n'est pas le cas.

Les professionnels sont très conscients du fait que les soins procurés par la mère sont les meilleurs de tous.

« Elle ne peut même pas en faire autant qu'un bébé normal, dit la mère de Johanna, qui a 65 ans. Je m'inquiète de ce qui va se passer quand je serai trop âgée pour m'occuper d'elle, la laver et tout ça. Mais, pour l'instant, je peux m'occuper d'elle mieux que n'importe qui. »

Une institution où placer Johanna quand sa mère ne pourra plus s'occuper d'elle a été trouvée. Cependant, si propre et agréable que soit l'établissement et si bien formée et soutenue que soit l'équipe, Johanna ne pourra retrouver l'attention de tous les instants que lui offre sa mère.

La situation de Stéphanie est différente. Elle a aussi 35 ans, est trisomique mais n'a qu'une déficience mentale légère. Elle vit avec sa mère qui, âgée de 75 ans, est fragile et arthritique. « Maman dit que je ne peux pas sortir le soir parce qu'il y a des hommes méchants qui rôdent et qu'ils sauraient que je suis différente. Mais je sais qu'elle veut me garder tout le temps à la maison parce qu'elle a peur de tomber. »

Les parents ont des attentes très différentes concernant les liens qu'ils auront avec leurs enfants adultes. On peut penser que la mère de Stéphanie aurait été aussi possessive si sa fille n'avait pas eu de handicap. Cependant, il est nécessaire que les parents qui ont un enfant handicapé adulte se projettent dans l'avenir et essayent de lui offrir autant d'indépendance que possible. Il existe beaucoup de célibataires (essentiellement des femmes) qui consacrent leur vie à s'occuper d'un proche (habituellement de leur mère). Pour un parent de déficient mental il est plus difficile de résister à cette pression.

Grands-parents et parents

Au moment où les parents pensent s'être habitués au handicap de leur enfant, ils voient certains de leurs amis devenir grands-parents. Cela peut créer à nouveau un sentiment de perte. Et l'enfant le comprend de façon claire et nette. Il arrive qu'un autre enfant de la famille qui, lui, est normal se marie, qu'il ait un enfant, et les parents réalisent à ce moment-là que ce sera toujours impossible pour leur enfant handicapé.

Et puis, il est toujours difficile pour des parents de savoir que leur enfant souffre profondément de tous ces manques.

J'ai décrit ailleurs[1] une jeune femme profondément handicapée qui était souvent déprimée pendant ses règles. J'ai mis du temps avant de comprendre qu'elle était déprimée parce que le fait d'avoir ses règles signifiait qu'elle n'était pas enceinte. Elle regrettait amèrement de ne pas être enceinte et avait beaucoup de mal à accepter qu'elle ne le serait probablement jamais et que, de toute façon, elle ne serait pas capable, physiquement ni mentalement, de s'occuper d'un bébé.

La sexualité

L'éveil de la sexualité pose souvent des problèmes aux parents d'enfants normaux. Beaucoup préfèrent que l'école dispense des cours d'éducation sexuelle. Malheureusement, très peu d'écoles ou de collèges donnent des cours sur la sexualité et les relations amoureuses adaptées aux écoliers handicapés. En fait, bien trop souvent, les parents et les professionnels ont la même

1. Dans mon livre *Mental Handicap and the human condition ; New approaches from the Tavistock*, Free Association Books, Londres, 1992.

réaction et pensent que les enfants handicapés n'ont pas de désirs sexuels. Cet « oubli » commun s'étend aux architectes et autres professionnels, si bien que, dans les logements pour handicapés, il est très difficile d'avoir un peu d'intimité.

Dans un quartier de Londres, les résidents se plaignaient du comportement sexuel « inconvenant » des adultes handicapés du club local. En fait, il se trouvait que la rue et le jardin étaient les seuls endroits où les adolescents et les adultes pensaient pouvoir trouver un peu d'intimité.

Les institutions qui accueillent les handicapés physiques et leur fournissent des navettes et des taxis omettent souvent de prévoir un petit laps de temps entre la fin d'une activité et la fermeture du centre. Pour les adolescents qui n'ont pas l'autonomie physique ni l'indépendance financière nécessaires pour aller au cinéma et s'asseoir au dernier rang, il y a peu d'endroits pour établir une relation privée.

Même dans les familles d'accueil où l'enfant dispose d'un studio particulier ou dans des résidences avec chambres particulières, il est clairement indiqué que les résidents sont priés de ne pas avoir d'invités.

« Les chambres sont faites pour aller dormir et pour les moments où la personne veut être seule. Pour le reste, les résidents doivent partager les équipements que nous offrons au groupe », dit ainsi l'un des employés d'une résidence pour handicapés.

Certains individus finissent par mener, par choix ou par fatalité, une vie de célibataire isolé. D'autres n'ont pas la capacité physique d'être proche de quelqu'un. Cependant, nier la sexualité des adultes handicapés nuit à leur potentiel de développement émotionnel. Ainsi, on voit parfois dans la rue des femmes handicapées qui se promènent en socquettes, habillées comme des petites filles, et agissant comme des petites filles.

Derrière ce refus d'accepter qu'il y ait une sexualité chez les handicapés se cache la crainte qu'ils n'aient des enfants. Quand on voit un garçon de 12 ans embrasser une fille de son âge, personne ne pense instantanément à leur donner des avertissements détaillés sur les dangers de la grossesse. Cependant, il arrive qu'on tienne de véritables réunions au sommet après avoir surpris deux adultes handicapés mentaux en train de s'embrasser. **On confond souvent trop rapidement l'événement lui-même et les conséquences désastreuses qu'il pourrait avoir, alors que tout peut se terminer très bien.**

> Un jeune homme dont le handicap mental n'était pas visuellement évident m'a dit un jour : « Supposez que j'aie rencontré une fille que j'aime et qui m'aime. On serait sortis ensemble et elle se serait peut-être rendu compte que j'ai un handicap mental. Alors elle aurait peut-être arrêté de sortir avec moi et j'aurais vraiment été bouleversé. » Je lui ai répondu qu'il n'avait même pas encore rencontré de fille qu'il aimait qu'il avait déjà prévu ce qui arriverait.

Mais, en fait, il ne faisait qu'exprimer de façon claire les inquiétudes de ses parents et du travailleur social qui le suivait.

Les mariages entre handicapés sont au moins aussi heureux que les autres si on les compare à une population normale. Et l'éducation de leurs enfants est au moins aussi réussie que celle d'autres personnes vulnérables.

Conclusion

Revenons aux objectifs de Marine au début de ce livre. Elle disait qu'elle voulait aimer quelqu'un, se marier, avoir un travail et une maison à elle. Et elle l'a fait.

Certains handicapés ont la capacité et le soutien extérieur nécessaires pour atteindre leurs buts. D'autres, non. Certains enfants handicapés vont être source de joie et d'énergie pour leurs parents. D'autres seront un fardeau. Pour la plupart, comme avec les enfants normaux, ce sera un mélange des deux.

La plupart des parents se débrouillent pour apaiser les tempêtes que soulève l'éducation d'un enfant sans se laisser trop accabler. Quand le nord est difficile à trouver ou que le mauvais temps dure trop longtemps, les parents devraient reconnaître qu'ils ont besoin d'aide. Cela n'empêchera peut-être pas la pluie de tomber, mais cela les soutiendra pendant le voyage.

Aucune famille n'est capable de bien faire tout le temps. La voie est cependant très simple. Plus encore que les autres parents, vous devez découvrir qui est votre enfant et ce dont il a besoin. Les parents font face de façons très diverses aux dons ou aux difficultés d'un enfant, soit en considérant les choses comme normales, soit au moyen d'efforts acharnés. Leur personnalité unique détermine leur façon d'être parents. Il est cependant toujours possible d'adapter son mode de vie aux besoins particuliers de l'enfant.

Derniers conseils

1. Un handicap n'entraîne pas la sainteté, même si nous admirons les individus rares qui se surpassent pour faire face à l'adversité.

2. Un handicap n'explique pas un mauvais comportement, même s'il peut diminuer les ressources émotionnelles d'un enfant (et de sa famille) en le rendant (ainsi que sa famille) plus vulnérable.

3. Un handicap nécessite une attention adaptée ; il a besoin d'être reconnu et expliqué.

4. Chaque enfant, quel que soit son niveau d'infirmité, sait qu'il est handicapé et nourrit des sentiments et des fantasmes à ce sujet.

5. Ne vous handicapez pas, vous ou votre famille, en refusant de chercher du soutien quand vous en avez besoin.

6. Quand un enfant n'est pas capable de se débrouiller sans l'intervention de plusieurs adultes, vous héritez d'une famille étendue de professionnels. Il est important que tous les membres de l'équipe – y compris les parents et l'enfant ou l'adulte – se respectent. Il peut y avoir de la rivalité sur les choix que chacun veut faire pour l'enfant ou le patient. La musicothérapie, l'art, le mouvement, la kinésithérapie, le travail spécialisé, le travail créatif, la psychothérapie psychanalytique, la thérapie par la parole, la chirurgie, la pédiatrie, la psychiatrie, les travailleurs sociaux, les bénévoles, tous sont importants, car ils mettent en évidence le potentiel unique de chacun.

Annexes

Quelques adresses utiles

Agefiph (Fonds d'intervention pour l'insertion professionnelle des personnes handicapées)
192, avenue Aristide-Briand
92226 Bagneux Cedex
Tél. : 01 46 11 00 11

Association des paralysés de France (APF)
17, boulevard Auguste-Blanqui
75013 Paris
Tél. : 01 40 78 69 52

Association des personnes de petite taille (APPT)
35, rue d'Alfortville
94600 Choisy-le-Roi
Tél. : 01 48 52 33 94

Association française contre les myopathies (AFM)
1, rue de l'Internationale, BP 59
91002 Évry Cedex
Tél. : 01 69 47 28 28

Association nationale des parents d'enfants aveugles ou gravement déficients visuels (ANPEA)
12 *bis*, rue de Picpus
75012 Paris
Tél. : 01 43 42 40 40

Association nationale des parents d'enfants déficients auditifs
76, boulevard Magenta
75010 Paris
Tél. : 01 53 35 86 86

Association nationale pour les sourds aveugles (ANPSA)
18, rue Etex
75018 Paris
Tél. : 01 46 27 48 10

Association pour adultes et jeunes handicapés (Apajh)
26, rue du Chemin-Vert
75541 Paris Cedex 11
Tél. : 01 48 07 25 88

Association pour une meilleure information des handicapés (AMIH)
11, quai Ligier-Richier
54000 Nancy
Tél. : 03 83 97 09 65

Association Valentin Haüy pour le bien des aveugles (AVH)
5, rue Duroc
75007 Paris
Tél. : 01 44 49 27 27

Bureau français de l'épilepsie (BFE)
263 *bis*, rue de Tolbiac
75013 Paris
Tél. : 01 53 80 66 64

Comité national français de liaison et de réadaptation de handicapés
263 *bis*, rue de Tolbiac
75013 Paris
Tél. : 01 53 80 66 66

Fédération d'associations pour l'insertion sociale des trisomiques 21
10, rue du Monteil
42000 Saint-Étienne
Tél. : 04 77 37 87 29

Fédération française d'associations d'infirmes moteurs et cérébraux
19, rue de l'Abondance
69003 Lyon
Tél. : 04 72 84 22 31

Fédération française Handisport
44, rue Louis-Lumière
75020 Paris
Tél. : 01 40 31 45 00

Fédération française sésame autisme
53, rue Clisson
75013 Paris
Tél. : 01 44 24 50 00

Groupement pour l'insertion des personnes handicapées physiques (GIHP)
10, rue Georges-de-Porto-Riche
75014 Paris
Tél. : 01 43 95 66 36

Union nationale des associations de parents d'enfants inadaptés (Unapei)
15, rue Coysevox
75018 Paris
Tél. : 01 44 85 50 50

Quelques sites Internet

Agefiph (Fonds d'intervention pour l'insertion professionnelle des personnes handicapées)
www.agefiph.asso.fr

Association des paralysés de France (APF)
www.apf.asso.fr

Association française contre les myopathies (AFM)
www.afm-france.org

Association pour une meilleure information des Handicapés
http://www.amih.org. Liens vers des sites sur le droit et l'intégration des handicapés.

Association pour adultes et jeunes handicapés (Apajh)
www.apajh.fr

Autisme France
autisme.france.free.fr. Nombreuses informations sur l'approche individualisée et structurée du syndrome autistique.

CTNERHI (Centre technique national d'études et de recherches sur les handicaps et les inadaptations)
perso.club-internet.fr/ctnerhi. Banque de données Saphir alimentée par l'Unapei et l'APF.

Fédération française sésame autisme
perso.club-internet.fr/sesame.autisme

Fondation Pinocchio
http://www.pinocchio.org. Base de données des établissements, associations et autres lieux au service des familles avec un enfant handicapé.

GIHP (Groupement pour l'insertion des personnes handicapées physiques)
www.gihp.org

Handitec
http://www.handitec.com. La technologie au service des handicapés. Annuaire des associations de santé, des associations de personnes handicapées et des centres de rééducation.

Unapei (Union nationale des associations de parents d'enfants inadaptés)
http://www.unapei.org. Liste des associations régionales et départementales ; liens vers des sites sur le handicap.

Vous pouvez aussi vous référer à *L'Enfant handicapé en France* réalisé par l'Observatoire de l'enfance, sous la direction de Gabriel Laugouet, Hachette, 1999.

Les CAMSP

Face aux différents types de handicap, les centres d'action médico-sociale précoce (CAMSP) s'avèrent particulièrement efficaces. Ils assurent le suivi d'enfants en bas âge (parmi lesquels beaucoup d'anciens prématurés) confrontés à des difficultés plus ou moins lourdes. La prise en charge est assurée par une équipe pluridisciplinaire dont la composition varie d'un établissement à un autre. Pédiatres, neuropédiatres, psychologues ou psychanalystes, kinésithérapeutes, psychomotriciens, orthophonistes, assistantes sociales... s'occupent de l'enfant une ou plusieurs fois par semaine.

Ces centres existent dans de nombreuses villes. Leur travail se fait en accord avec la Sécurité sociale et ne coûte rien aux parents. Si, lorsqu'un bébé quitte le centre de néonatalogie, il subsiste une inquiétude pour son avenir, un rendez-vous est pris par le service au CAMSP dont dépend le domicile des parents. Le dossier du bébé lui est adressé par l'hôpital.

À propos du versement des prestations

Les principales instances intervenant dans le versement des prestations aux personnes handicapées sont les suivantes.

– **La caisse d'allocations familiales (CAF)** est l'organisme qui verse l'allocation d'éducation spéciale (AES), destinée à aider les familles dans l'éducation et les soins à apporter à leur enfant handicapé.

– **La commission départementale de l'éducation spécialisée (CDES)** est compétente pour les personnes handicapées de moins de 20 ans : c'est elle qui reconnaît le handicap, définit le taux d'incapacité, attribue l'allocation d'éducation spéciale avec ou sans complément, attribue la carte d'invalidité. Elle intervient aussi pour le placement des enfants et des adolescents en établissement spécialisé. Les dossiers de demande d'AEN sont à adresser à la Caisse d'allocation familiale qui transmet le dossier à la CDES.

– Après l'âge de 20 ans (16 ans dans certaines conditions), l'allocation aux adultes handicapés (AAH) se substitue à l'AES. Elle est, elle aussi, versée par la CAF. Le dossier de demande est à adresser à **la Cotorep (commission technique d'orientation et de reclassement professionnel)** qui siège dans chaque préfecture.

– D'autre part, **la Cotorep** est compétente pour apprécier le taux d'invalidité et attribuer la carte d'invalidité (après l'âge de 20 ans), décider le placement en atelier protégé, en centre d'aide par le travail (CAT), accorder la reconnaissance de « travailleur handicapé », attribuer l'allocation aux adultes handicapés et l'allocation compensatrice pour tierce personne.

– Pour certaines prestations, c'est **le centre communal d'action sociale (CCAS)**, instance municipale, qui est chargé d'instruire les dossiers de demande.

Table des matières

Les auteurs

■ **Valerie Sinason**, mariée, mère de deux enfants est psychothérapeute consultante au département Enfant et Famille du centre Tavistock et psychothérapeute déléguée de l'atelier de handicap mental. Elle est une poète très estimée et écrit régulièrement sur les problèmes de santé mentale dans *The Guardian*. Elle est l'auteur de *Mental Handicap and the Human Condition*.

■ **Catherine Mathelin**, auteur de la préface, psychologue clinicienne et psychanalyste, a publié : *Raisins verts et dents agacées, Clinique psychanalytique des enfants prématurés*, Denoël, 2000 et *Qu'est-ce qu'on a fait à Freud pour avoir des enfants pareils ?*, Denoël, 2000.

Dans la collection
« Les Guides du centre Tavistock »

Comprendre votre enfant de la naissance à 3 ans
de Lisa Miller, Deborah Steiner et Susan Reid

Comprendre votre enfant de 3 à 6 ans
de Judith Trowell, Lisa Miller et Lesley Holditch

Comprendre votre enfant de 6 à 9 ans
de Deborah Steiner, Elsie Osborne et Lisa Miller

Comprendre votre enfant de 9 à 12 ans
de Dora Lush, Jonathan Bradley et Eileen Orford

Comprendre votre enfant à l'adolescence
de Margot Waddell, Jonathan Bradley, Hélène Dubinsky, Beta Copley
et Gianna Williams

Conception Graphique : Bleu T

Cet ouvrage, composé
par I.G.S. - Charente Photogravure
à L'Isle-d'Espagnac,
a été achevé d'imprimer sur les presses de
Bussière Camedan Imprimeries
à Saint-Amand-Montrond

N° d'édition : 19997
N° d'impression : 014004/1
Dépôt légal : octobre 2001